예수님 앞에 머무르는 은총의 시간
성체 조배

예수님 앞에 머무르는 은총의 시간
성체 조배

2003년 4월 25일 교회 인가
2003년 6월 30일 초판 1쇄 펴냄
2021년 4월 25일 개정 초판 1쇄 펴냄
2025년 9월 12일 개정 초판 6쇄 펴냄

지은이 · 알폰소 리구오리 성인
옮긴이 · 이건
펴낸이 · 정순택
펴낸곳 · 가톨릭출판사
편집 겸 인쇄인 · 김대영
편집 · 김지영, 김지현, 박다솜
디자인 · 강해인, 이경숙, 정호진
마케팅 · 임찬양, 안효진, 황희진, 노가영

본사 · 서울특별시 중구 중림로 27
등록 · 1958. 1. 16. 제2-314호
전자우편 · edit@catholicbook.kr
전화 · 1544-1886(대표 번호)
지로번호 · 3000997

ISBN 978-89-321-1769-0 03230

값 13,000원

성경 ⓒ 한국천주교중앙협의회, 2021.

이 책의 한국어 출판권은 (재)천주교서울대교구 가톨릭출판사에 있습니다.
저작권법에 의해 보호를 받는 저작물이므로 무단 전재와 무단 복제를 금합니다.

가톨릭의 모든 도서와 성물, 디지털 콘텐츠를 '가톨릭북플러스'에서 만날 수 있습니다.
https://www.catholicbookplus.kr | (02)6365-1888(구입 문의)

예수님 앞에 머무르는 은총의 시간

성체 조배

알폰소 리구오리 성인 지음 | 이건 옮김

Adoratio Eucharistica

가톨릭출판사

성체 안에서
하느님과 진정으로 만나는 시간

성체 신심이란?

최후의 만찬 때, 예수님은 유다인 고유의 예식이었던 '빵 나눔'을 행하십니다. 그리고 만찬의 주재로서 빵을 축복하여 나누어 주셨던 이 행위로 제자들은 예수님의 부활 후에 그분을 알아보게 됩니다(《가톨릭 교회 교리서》 1329항 참조). 오늘날 우리도 예수님께서 제자들에게 사랑의 정표로 주신 성체성사를 매 미사 때마다 행하고, 그 안에서 예수님과 친교를 이루며 그분과 한 몸을 이룬다는 것을 기억하고 묵상합니다. 하느님께서 우리에게 전하시는 지극한 사랑의 표현인 성체에 대한 흠숭과 존경을 다른 말로 '성체 신심'이라고 표현합니다. 우리는 이러한 신심을 표현하기 위해 성체 신심 행위를 하곤 합니다. 성체 신심 행위에는 여러 가지 형태가 있는데, 성체 현시, 성체 조배, 성체 거동, 성체 대회 등이 대표적입니다.

성체 조배란?

성체 조배는 감실 안에 모셔져 있거나 현시된 성체 앞에서 개인적으로 혹은 공동체적으로 기도하며 경배를 드리는 신심 행위입니다. 교회는 그리스도의 몸인 성체를 공경하며 그 앞에 머물러 기도하는 성체 조배를 중요하게 생각했습니다. 알폰소 리구오리 성인은 "성체 조배로 보낸 시간은 일생 중 가장 귀하고 유익한 시간이며, 15분간의 성체 조배로 얻은 것은 하루 동안 다른 여러 가지 신심 행위로 거둔 것보다 클 것"이라고 말했습니다. 성체 조배는 성체 안에 계신 예수님을 향한 사랑과 합당한 존경을 표현하는 방법 중 하나입니다. 또한 그 안에 계신 주님과 대화를 나누며, 그분의 사랑을 느끼고 나 자신의 삶과 신앙을 성찰해 볼 수 있는 인격적인 만남의 시간이 되기도 합니다.

교황들이 말하는 성체 조배

바오로 6세 성인 교황은 성체 조배는 성체 안에 계시는 예수님과 함께하는 것이며, 그분을 향한 합당한 흠숭의 실천이라 말합니다. 또한 이보다 더 큰 위안은 없으며 성스러움으로 나아가는 것이라고 강조했습니다. 요한 바오로 2세 성인 교황도 성체 조배는 일상에서 신심 실천을 할 수 있는 중요한 행위라고 말했습니다. 베네딕토 16세 교황은 성체 조배는 영성체를 심오하고 참되게 하며, 신앙을 성숙하게 만든다고 말하며 성체 조배의 중요성을 강조했습니다. 이처럼 교황들은 성체 조배는 우리 신앙에 큰 버팀목이 되어 줄 수 있는 중요한 신심 행위라 말했습니다.

성체 조배는 어떻게 하는 것이 좋을까?

성체 안의 그리스도를 좀 더 깊이 만나기 위해서는 침묵과 가까워져야 합니다. 하지만 침묵과 고요 안에서 마냥 머물러서는 안 됩니다. 예수회의 앤소니 드멜로 신부는 고요 속에서 쉬는 것은 긴장도 풀리고 즐겁지만, 그 안에서 마냥 쉬게 되면 자칫 가벼운 무아경에 빠질 위험이 있다고 말했습니다. 따라서 침묵 안에 머물면서도 주님과의 일치에 이르도록 끊임없이 집중해야만 합니다.

하지만 성체 조배를 처음 접하거나, 이러한 훈련이 되어 있지 않은 사람들이 내적 침묵 안에서 오랜 시간 머무르는 것은 다소 어려운 일일 것입니다. 그래서 하느님과의 온전한 만남을 이룰 수 있도록 도와주는 다양한 방법을 활용하는 것이 좋습니다. 대표적으로는 성경을 읽거나, 기도문을 소리 내지 않고 외우는 것, 혹은 묵주 기도를 바치거나, 하느님과 자유로운 방식으로 대화하는 방법 등이 있습니다.

성체 조배를 처음 시작하는 이들은 어떻게 묵상을 시작해야 하는지 막막한 느낌을 받곤 합니다. 이런 이들에게 가장 도움을 줄 수 있는 방법이 바로 이 책처럼 성체 조배 묵상을 돕는 기도서를 활용하는 것입니다.

기도서에서 제시한 순서대로 기도를 바치되, 내 마음에 예수님을 모시고 그분과의 대화를 이어 나가는 데 힘 써야 합니다. 혹은 한 가지 주제를 정해 두고 그 주제에 대한 집중적인 묵상을 하는 것도 좋습니다. 한 가지 주제를 두고 묵상을 하게 되면 좀 더 깊은 묵상으로 나아갈 수 있게끔 이정표가 되어 주기 때문입니다. 이처럼 각자 자신에게 알맞은 방식을 택하되 온전히 집중할 수 있도록 하는 것이 좋습니다.

그리고 가장 중요한 것은 이 모든 묵상이 끝났을 때, 주님께서 내려 주신 은총에 감사드리는 기도를 바치는 것입니다. 또한 성체 안에 계신 주님과 나누었던 대화를 삶에서 실천으로 옮기는 것도 잊지 않아야 합니다. 이처럼 성체 조배를 진실한 마음으로 정성껏 바쳤을 때 받는 은총은 더욱 클 것입니다. 그리고 성체 조배가 주님께 바치는 사랑의 표현이자 감사의 표시이며, 주님 현존을 마음 깊이 받아들이는 것임을 깨닫게 될 것입니다.

차례

성체 안에서 하느님과 진정으로 만나는 시간   4
성체 조배의 순서   13

1일	생명이신 예수님	19
2일	빵이신 예수님	24
3일	기쁨이신 예수님	28
4일	사랑이신 예수님	32
5일	저희와 함께 계시는 예수님	36
6일	저희 곁에 계시는 예수님	39
7일	저희 안에 계시는 예수님	43
8일	숨어 계시는 예수님	47
9일	은총의 샘이신 예수님	52
10일	유일한 선이신 예수님	56
11일	선한 목자이신 예수님	61
12일	마음의 쉼터이신 예수님	65
13일	사랑의 포로이신 예수님	69
14일	사랑은 사랑을 낳습니다	73
15일	사랑의 불	77

16일	저희의 위로이신 예수님	81
17일	사랑과 흠숭의 현존	85
18일	예수님과 함께 나누는 친교	89
19일	친구이신 예수님	93
20일	생명의 샘	97
21일	자신을 희생하신 예수님	102
22일	혼인의 사랑	106
23일	형언할 수 없는 관상	110
24일	신앙의 신비	115
25일	세상 끝 날까지 순종하시는 분	120
26일	충실한 사랑	126
27일	기적의 재현	131
28일	구원의 계약	135
29일	저를 끌어 주소서	140
30일	저희의 믿음이신 예수님	145
31일	영원한 사제이신 예수님	150

성체 조배의 순서

1. 예수님께 드리는 시작 기도
2. 성체 안에 계신 예수님을 뵙는 시간
3. 묵상
4. 신령성체
5. 성모님을 만나는 시간
6. 성모님께 드리는 마침 기도

예수님께 드리는 시작 기도

오, 주 예수님, 당신께서는 성체성사 안에 현존하시며 밤낮으로 저희를 기다리십니다. 또한 당신께 조배드리는 저희를 충만한 자애와 사랑으로 부르시며 따뜻이 맞아 주시니, 저는 성체 안의 당신 현존을 굳게 믿고, 겸손한 마음으로 당신을 흠숭하며 베풀어 주신 무수한 은총에 감사드립니다.

특히 당신 몸을 저에게 내어 주시고, 지극히 거룩하신 당신 어머니를 든든한 저의 방패로 삼게 하시며 저를 부르시어 당신을 조배하게 해 주신 은혜에 감사드립니다.

오늘 제가 지극히 사랑하는 당신 성심 앞에 가까이 온 것은 제게 베풀어 주신 큰 은총에 감사드리기 위함입니다. 또한 당신을 거스른 이들로 인하여 입으신 당신의 상처를 보속하기 위함이며, 성체성사 안에서 당신을 공경하지 않고 외면하는 곳에 있더라도 그 어디서든 당신을 흠숭하기 위함입니다.

예수님, 온 마음을 다해 당신을 사랑합니다. 지난날 선하신 당신 성심을 아프게 해 드린 제 잘못을 진심으로 뉘우치며 다시는 그러지 않겠다고 굳게 다짐합니다. 보잘것없는 저를 당신 손에 맡기며, 제 의지와 애정, 소망을 오롯이 바칩니다.

제 모든 것을 당신 뜻에 따라 써 주십시오. 저는 오직 당신 사랑만을 찾고 항구한 신앙만을 구하며, 오로지 당신 뜻을 따라 살겠습니다. 당신께 청하오니 가엾은 연옥 영혼들을 돌보아 주시고, 특별히 지극히 거룩한 성체성사와 거룩한 성모님께 열성적이었던 영혼들을 기억해 주십시오. 또한 모든 죄인들도 생각해 주십시오.

구세주 예수님, 지극히 사랑하는 당신 성심과, 당신을 사랑하는 저의 마음을 한데 모아 영원한 아버지께 봉헌합니다. 그리하여 아버지께서 이 봉헌을 즐겨 받으시기를 당신 이름으로 기도드립니다.

성체 안에 계신 예수님을 뵙는 시간 (그날의 기도를 바친다)

묵상

신령성체

지극히 거룩한 성사 안에
참으로 계시는 우리 주 예수님,
지금 성체 안의 당신을 영할 수는 없사오나
지극한 사랑으로 간절히 바라오니,
거룩하신 당신 어머니의 티없으신 성심을 통해
영적으로 저의 마음에 오소서.
오셔서 영원토록 사시옵소서.
당신은 제 안에 계시고 저는 또 당신 안에서
이제와 또한 영원히 살게 하소서.

성모님을 만나는 시간 (그날의 기도를 바친다)

성모님께 드리는 마침 기도

지극히 거룩하시며 티 없이 순결하신 동정 성모님, 하느님의 어머니이자 저희의 어머니이시며 세상의 여왕, 기도의 중재자, 죄인들의 희망이요 피난처이신 분! 비참한 죄인인 저는 어머니께 의지할 따름입니다.

오, 여왕이시여, 제 사랑을 어머니께 봉헌하며, 제게 베풀어 주신 모든 은총과 죄악에서 거듭 구해 주심에 감사드립니다. 자애로우신 어머니, 어머니를 사랑하는 마음으로 오롯이 당신을 섬기겠다고 약속하며, 다른 이들도 당신을 사랑할 수 있도록 이끌겠습니다.

인자하신 어머니, 당신께 모든 희망을 두며 저희의 구원을 당신 손에 맡겨 드리니, 저를 당신 종으로 받아 주십시오. 하느님께 강력히 전구하시어 모든 유혹에서 저를 구하시고 죽기까지 그 유혹을 이기게 하소서. 예수님을 향한 참사랑을 청하며, 주님 안에서 편안히 죽음을 맞고자 하는 제 소망을 거룩하신 어머니의 중재에 맡겨 드립니다.

생명이신 예수님

DAY 1

예수님께 드리는 시작 기도 (14쪽의 기도를 바친다)

성체 안에 계신 예수님을 뵙는 시간

성체성사 안에 계시는 예수님은 모든 선의 샘이십니다. "목마른 사람은 다 나에게 와서 마셔라."(요한 7,37) 일찍이 이사야 예언자가 "너희는 기뻐하며 구원의 샘에서 물을 길으리라."(이사 12,3) 하고 예언한 것처럼, 성인들은 이 거룩한 성체성사의 샘에서 풍요로운 은총을 길었습니다. 또한 예수님은 그곳에서 구원의 열매를 나누어 주십니다.

아빌라의 요한 성인을 본받아 글라라회 수녀가 되었던 스페인 페리아의 백작 부인은 예수님의 성체 앞에서 자주 오랫동안 머물러서 '성체성사의 정배'라고 불렸습니다. 사람들이 제대 앞에서 그렇게 오랫동안 무엇을 하는지 묻자 그는 이렇게 대답했습니다. "저는 영원히 그 앞에 머물러 있고 싶습니다. 거룩한 영혼들의 희망이신 하느님께서 거기에 계시지 않습니까? 선하신 하느님 앞에서 마땅히 할 수 있는 것이 무엇이겠습니까? 그저 그분을 사랑하고 찬미하며 그분께 감사드리고 간절히 청할 수 있을 따름입니다. 병자가 의사 앞에서 무엇을 하겠습니까? 목마른 이가 맑은 샘 앞에서 무엇을 하겠습니까? 허기진 이가 밥상 앞에서 무엇을 하겠습니까?"

 오, 지극히 사랑하올 예수님, 당신은 생명이요 희망이며 보배요, 저희 영혼의 유일한 사랑이십니다. 이 성사 안에서 저희와 함께 머무시기 위해 치르신 대가가 과연 어떤 것이었습니까! 주님의 현존으로 저희를 거룩하게 하기 위해 온갖 모욕과 고난을 받으셨습니다. 또한 이 성사 안에 머무르시고, 제대 위에 계시고자 죽음까지도 기꺼이 받아들이셨습니다. 저희의 사랑을 받고자 하는 당신의 바람과 사랑이 모든 것을 다 이겼습니다. 주님, 제 마음에 오시어 그 어떠한 것도 마음속에 들어오지 못하도록 문을 걸어 잠가 주십시오. 세상의 그 어떤 것도 당신만을 바라는 이 사랑을 깨트리지 않게 하십시오. 그리하여 제가 온전히 당신 차지가 되게 해 주십시오. 만약 당신 계명을 따르지 않는다면 엄히 꾸짖으시어 올바른 길로 나아가게 해 주소서.

저의 가장 큰 바람은 오직 당신을 기쁘게 해 드리고, 당신의 거룩한 몸을 받아 모시는 것뿐입니다. 재물을 좇는 이는 오로지 재물만을 생각합니다. 하지만 저는 제대 앞에 엎드려 당신의 소중한 사랑만을 사랑하고 바랄 뿐입니다. 제 자신을 위하지 않고, 오로지 당신 선의만을 생각하게 해 주십시오. 복된 세라핌들은 자신의 영광을 위해서가 아니라, 오로지 하느님을 향한 사랑만을 지니고 있습니다.

바라건대 저 역시도 세라핌처럼 당신을 사랑하고 기

쁘게 해 드릴 수 있도록 이끌어 주소서.

주 예수님, 저는 오직 당신만을 사랑하며
당신을 기쁘게 해드리고 싶습니다.

묵상

신령성체 (16쪽의 기도를 바친다)

성모님을 만나는 시간

저희의 어머니시요 선과 은총을 전달해 주시는 성모님은 행복의 샘입니다. 모든 이가 그 생명의 샘을 나누어 마시니, 베르나르도 성인은 "우리 모두 그분 은총의 충만함에서 은혜를 받았습니다."라고 했습니다. 성모님은 하느님께 모든 은총을 충만히 받으셨기에 가브리엘 천사는 "은총이 가득한 이여, 기뻐하여라. 주님께서 너와 함께 계시다."(루카 1,28)라고 인사했습니다.

하지만 성모님은 당신 홀로 은총을 받지 않으시고, 당신을 열심히 믿고 따르는 저희 모두를 그 은총에 참여하게 하십니다. 이는 베드로 크리솔로고 성인이 말한 대로 "이렇듯이 성모님이 은총을 받으신 것은 세상에 구원을 가져다주기 위함이었습니다."(시편 143 참조)

성모님, 당신은 저희의 영원한 행복의 모범이시니
저희를 위하여 빌어 주소서.

성모님께 드리는 마침 기도 (17쪽의 기도를 바친다)

빵이신 예수님

예수님께 드리는 시작 기도 (14쪽의 기도를 바친다)

성체 안에 계신 예수님을 뵙는 시간

예수회의 요한 에우세비오 신부는 영성체에 대해 이렇게 말했습니다. "빵은 사람이 먹으면 없어지기도 하고, 잘 간수하면 오래 보존되기도 하는 음식입니다. 그래서 예수 그리스도는 거룩한 영성체 안에서 당신을 사랑하는 사람의 영혼과 하나 되시어 없어지실 뿐 아니라, 감실 안에 잘 보존되시어 항상 우리와 함께 머무시고 당신 사랑을 일깨워 주시기 위하여 빵의 형상으로 이 땅 위에 남아 있기를 바라셨습니다."

바오로 사도는 "오히려 당신 자신을 비우시어 종의

모습을 취하셨습니다."(필리 2,7)라고 말합니다. 그렇다면 우리는 빵의 형상을 취하신 그분을 보고 과연 무엇을 생각해야 하겠습니까?

알칸다라의 베드로 성인은 이렇게 말합니다. "모든 영혼을 은총으로 이끄시는 예수님의 사랑은 그 어떠한 말로 표현해도 부족합니다. 다정하신 신랑이신 예수님은 당신 생명을 버리고 떠나려 하실 때 거룩한 성체성사를 남겨 주셨고, 지금 이 성사를 통하여 저희 가운데 계십니다. 그러니 이처럼 그분을 생생히 떠올리게 해 주는 표징은 결코 없습니다."

감실에 계신 예수님은 당신께 도움을 청하는 불쌍한 이들의 기도를 듣고자 하십니다. 주님, 당신께 엎드려 비오니 이 죄인의 기도를 들어 주십시오. 당신 발아래에서 그동안 저지른 죄를 뉘우치오니, 부디 같은 죄를 저지르지 않게 도와주십시오. 인자하신 당신을 믿으며, 오로지 당신 뜻에 저를 맡기고픈 소망과 열렬한 사랑이 제 안에 움트고 있음을 느낍니다.

하지만 이 간절한 소망도 당신 도움 없이는 이룰 수 없습니다. 전능하신 주님, 당신의 무한한 힘과 선하심으로 제가 당신 뜻을 거스르지 않고 사랑으로 충만하게 해 주십시오. 당신께서는 충분히 그 일을 하실 수 있으며, 그것을 원하십니다. 제 부족함을 채우시어 당신께 상처를 입혀 드렸던 것만큼 온전히 사랑하게 해 주소서. 세상의 그 어떤 것보다도, 제 생명보다도 더 당신을 사랑합니다. 주님, 당신은 저의 전부이십니다.

저의 하느님, 당신은 저의 전부이십니다.

묵상

신령성체 (16쪽의 기도를 바친다)

성모님을 만나는 시간

"그러므로 확신을 가지고 은총의 어좌로 나아갑시

다. 그리하여 자비를 얻고 은총을 받아 필요할 때에 도움이 되게 합시다."(히브 4,16)

안토니오 성인은 이 은총의 옥좌란 바로 "하느님의 모든 은총을 베풀어 주시는 분, 곧 성모님이십니다."라고 말했습니다.

성모님은 당신께 도움을 청하는 이들의 기도를 귀기울여 들으십니다. 지극히 사랑하올 어머니, 당신께 청하는 이 죄인들의 기도를 즐겨 들어 주소서.

죄인들의 유일한 피난처이신 성모님,

저희를 가엾이 여기소서.

성모님께 드리는 마침 기도 (17쪽의 기도를 바친다)

기쁨이신 예수님

예수님께 드리는 시작 기도 (14쪽의 기도를 바친다)

성체 안에 계신 예수님을 뵙는 시간

"나는 그분께서 지으신 땅 위에서 뛰놀며 사람들을 내 기쁨으로 삼았다."(잠언 8,31)

예수님은 저희를 사랑하시기 위하여 이 세상에서 죽으신 것만으로 만족하지 않으시고, 죽으신 후에도 거룩한 성체성사 안에서 저희와 함께 머무시기를 원하십니다. 그리하여 사람들을 오롯이 당신의 기쁨으로 삼으셨습니다.

예수의 데레사 성녀는 "하느님께서 저희를 당신의 기쁨으로 삼으시니 어찌 하느님을 아프게 해드릴 수 있습니까?"라고 말했습니다.

예수님께서 저희를 당신의 기쁨으로 삼으신다면 저희는 예수님 안에서 저희의 기쁨을 발견할 수 있지 않겠습니까? 저희는 그분과 함께 그분의 궁궐에서 머무는 영예를 누리고 있습니다. 이에 깊이 감사드리며 예수님과 대화를 나누는 일에 정성을 다할 것을 다짐합니다.

저의 주님, 저는 당신께서 머물러 계시는 제대 앞으로 나와 기도드립니다. 모든 선의 샘이시며, 악을 치유하시고, 가난한 이의 보화이신 분! 죄인 중에 가장 가난하고 나약한 저는 당신의 자비를 간청합니다. 당신께서 친히 사람이 되시어 저희 곁에 오신 그 사랑을 생각할 때 저는 더 이상 두렵지 않습니다. 주님을 찬미하며 감사드리는 이 마음을 온전히 당신께 바치며 당신을 온 마음으로 사랑할 것을 약속드립니다. 이 약속이 영원토록 변치 않게 지켜 주소서.

선한 목자이시며 참된 빵이신 예수님,

저희에게 자비를 베푸소서.

저희를 굳건히 하여 보호하시고,

하늘나라의 선을 보여 주소서.

묵상

신령성체 (16쪽의 기도를 바친다)

성모님을 만나는 시간

"지혜의 차꼬는 너에게 든든한 보호막이 되고 그의 큰칼은 영광의 옷이 되리라."(집회 6,29)

어느 현자는 "성모님에 대한 신심은 구원을 보장하는 사랑의 사슬"이라고 확신하며 말했습니다. 어머니께 청하오니, 저희가 더욱 큰 신심으로 당신의 보호하심을 굳게 신뢰하게 하소서. 지극히 거룩하신 성모님, 중재자이신 성인들, 하늘의 천사들께 바라니 부디 제가 하느님을 사랑할 수 있도록 도와주소서.

오, 인자하시고 자애로우시며 온유하신 동정 마리아님!

성모님께 드리는 마침 기도 (17쪽의 기도를 바친다)

사랑이신 예수님

예수님께 드리는 시작 기도 (14쪽의 기도를 바친다)

성체 안에 계신 예수님을 뵙는 시간

"그와 함께 지내는 데에 마음 쓰라릴 일이 없고 그와 같이 사는 데에 괴로울 일이 없다."(지혜 8,16)

세상 것을 사랑하는 사람은 세속적인 것에 마음을 쓰며 시간 가는 줄 모릅니다. 하지만 성체 안에 계신 예수님을 사랑하지 않는 이는 결코 만족과 기쁨을 누리지 못합니다. 성인들은 성체성사를 통해 하늘나라를 보았습니다. 세상을 떠난 예수의 데레사 성녀가 어느 수녀 앞에 나타나 이렇게 말했습니다.

"이미 세상을 떠나 하늘나라에 속한 이는 그곳에서

즐거움을 누립니다. 하지만 아직 지상에 머물러 있는 이들은 괴로움을 받고 있습니다. 하지만 하늘과 땅에 속한 사람들 모두 정덕과 애덕 안에서 온전히 하나입니다. 하늘나라의 거룩한 영혼들이 하느님과 함께하듯, 지상의 사람들 역시도 성체성사 안에서 그분과 하나 되어야 합니다."

이처럼 성체성사야말로 지상의 하늘나라입니다. 인간의 구원을 위해 십자가 위에서 희생되신 흠 없는 어린양이시여, 저는 당신의 고난으로 구원받은 영혼입니다. 당신은 날마다 성체를 통해 당신 자신을 내어 주시니, 저희가 온전히 당신 것이 되어 당신을 결코 잊지 않게 하십시오. 저를 온전히 내어 드리오니 당신 뜻에 맞갖게 써 주십시오.

제 의지를 바치오니 당신 사랑의 부드러운 사슬로 굳게 매어 언제나 거룩한 당신 뜻을 따라 살게 하십시오. 저는 이제 제 뜻보다는 오로지 당신 선의를 따라 살기를 원합니다. 그러니 주님을 기쁘게 해 드릴 수 없는 것은 없애 주시어, 당신의 말씀 외에는 어떤 것도 바라지 않는 은총을 허락해 주십시오.

구세주 예수님, 제가 당신을 사랑하기를 바라시고 또 당신은 제 사랑의 유일한 목적이시니 저는 당신을 사랑합니다. 제 걱정은 단지 당신이 바라시는 만큼 당신을 사랑하지 못한다는 것입니다. 저는 이 사랑을 위해 죽기를 원합니다. 저의 기도를 받아 주시고 당신의 사랑을 제게 주소서.

오 하느님, 저를 온전히 당신께 드립니다.

묵상

신령성체 (16쪽의 기도를 바친다)

성모님을 만나는 시간
성모님은 "나는 도움을 주는 사랑의 어머니이다."라

고 친히 말씀하셨습니다.

마리아 막달레나 데 파치 성녀는 달콤한 음료, 곧 하느님의 사랑을 나누어 주시는 지극히 거룩하신 성모님을 보았습니다. 오직 성모님만이 이 사랑을 나누어 주시니, 저희는 어머니께 그것을 청합니다.

저의 어머니, 저의 희망이신 성모님!
저는 온전히 예수님의 것이 되고 싶습니다.

성모님께 드리는 마침 기도 (17쪽의 기도를 바친다)

저희와 함께 계시는 예수님

예수님께 드리는 시작 기도 (14쪽의 기도를 바친다)

성체 안에 계신 예수님을 뵙는 시간

"만군의 주님 저의 임금님, 저의 하느님 당신 제단 곁에 참새도 집을 마련하고 제비도 제 둥지가 있어 그곳에 새끼들을 칩니다."(시편 84,4)

새들도 보금자리가 있듯이 저의 임금님이신 주님께서도 제대에 당신 거처를 마련하셨습니다. 주님께서는 인간을 무한히 사랑하시니 저희도 그런 당신을 사랑합니다.

오, 예수님, 당신을 향한 제 사랑이 커지도록 해 주십시오. 주님께서는 저희가 당신을 사랑하는 것보다 더욱더 큰 사랑으로 저희를 감싸 안아 주십니다. 오, 하느님. 저희가 이 사랑의 달콤한 맛을 알게 해 주시고 저희를 사랑하는 당신의 깊은 뜻도 깨닫도록 해 주십시오.

지극히 전능하신 예수님, 인간을 향해 보여 주시는 이토록 큰 사랑에 비해 당신을 진정으로 사랑하는 이들은 너무나도 적습니다. 저는 더 이상 그런 이들 곁에 있고 싶지 않습니다. 그저 어떠한 주저함 없이 당신을 사랑하길 원합니다. 당신께서는 저희 사랑을 받을 자격이 있으시며, 당신 또한 저희의 사랑을 재촉하십니다. 이제 온 힘을 다해 당신을 사랑하고자 합니다. 제 영혼의 하느님, 간절히 청하오니 당신 수난의 공로로 기쁨을 드리게 하소서.

저는 세상의 재물보다도 오로지 소중한 당신의 사랑만을 바랄 뿐입니다. 무한히 선하신 예수님, 당신은 저의 보화이시며 진정한 행복이자 사랑이십니다.

예수님, 당신을 온전히 저에게 주셨으니
저도 당신께 제 자신을 온전히 드립니다.

묵상

신령성체 (16쪽의 기도를 바친다)

성모님을 만나는 시간

베르나르도 성인은 성모님을 "사람들의 마음을 사로잡는 분"이라고 했습니다. 성모님은 선하신 아름다움으로 저를 비롯한 다른 이들의 마음도 사로잡으십니다. 어머니께 이 모든 것을 바치오니, 제 마음을 당신의 마음과 일치시켜 하느님께 봉헌해 주소서.

지극히 높으신 어머니, 저를 위하여 빌어 주소서.

성모님께 드리는 마침 기도 (17쪽의 기도를 바친다)

저희 곁에 계시는 예수님

DAY 6

예수님께 드리는 시작 기도 (14쪽의 기도를 바친다)

성체 안에 계신 예수님을 뵙는 시간

"사실 너희의 보물이 있는 곳에 너희의 마음도 있다."(루카 12,34)

예수님은 사람이 자기 보물을 두는 곳에 애정을 쏟게 된다고 말씀하십니다. 많은 성인들은 예수님 이외에 다른 보물을 찾지 않았습니다. 그들은 예수님에 대한 사랑을 온전히 거룩한 성체성사에 바쳤습니다.

사랑하는 예수님, 저희를 위하여 이 감실 안에 밤낮으로 계시는 분이시여! 바라건대 제 마음을 당신에게로 이끌어 주십시오. 저는 오로지 당신만을 찾고, 생각하며, 사랑할 뿐 그 어떤 것도 소망하지 않습니다. 이 모든 것을 당신의 수난 공로로 이루어 주소서. 이것이 제 희망입니다.

저의 구원자이신 주님, 영혼들의 사랑을 찾아 나서시는 당신의 사랑이 얼마나 크고 온유하신지! 영원한 말씀이신 주님께서는 사람이 되시어 저희를 위해 죽으신 것도 충분치 않다 여기시고, 이 성사를 저희에게 주셨습니다. 그리하여 저희를 이끌어 주시고, 양식이 되어 주시고, 하늘나라의 예표가 되어 주셨습니다.

주님은 마구간 안의 갓난아기로 오신 후 곧바로 혹독한 박해를 받으셨습니다. 나자렛의 집에서는 가난한 목수로서 손수 노동을 하셨으며, 하늘나라의 기쁜 소식을 전하시다가 십자가형을 선고받으시고 제대 위의 빵이 되셨습니다. 주님께서 우리를 사랑하시는데 이 이상 무엇이 더 필요하겠습니까?

오, 무한하신 사랑이여, 대체 언제쯤 당신의 이 사랑에 맞갖게 처신하며 오로지 당신만을 사랑하며 살 수

DAY 6

있겠습니까? 당신께 약속드립니다. 이제부터 제 영혼은 오직 당신만을 사랑하기 위해 살고, 당신 사랑을 마음속 깊이 품고서 사랑을 실천하며, 당신의 구유와 십자가와 거룩한 성체성사만을 생각하며 살겠습니다.

주님, 제가 죽기 전까지 당신을 위해
무엇을 할 수 있겠습니까?

묵상

신령성체 (16쪽의 기도를 바친다)

성모님을 만나는 시간

"평원의 싱싱한 올리브 나무처럼"(집회 24,14)

성모님은 "나는 항상 자비의 기름을 내어 주는 올리브 나무이다. 내가 평원에 서 있는 까닭은 모든 사람이 나를 보고 달려오도록 하기 위함이다."라고 친히 말씀하셨습니다.

저희는 베르나르도 성인의 기도를 바칩니다. "지극히 인자하신 어머니, 일찍이 당신의 도움을 구하는 자가 버림받았다는 소리는 전혀 들어 본 적이 없음을 기억하소서." 어머니시여, 저를 버리지 마시고 당신 품 안에 받아 주소서.

오, 성모님, 저에게 항상 당신께 달려드는 은총을 주소서.

성모님께 드리는 마침 기도 (17쪽의 기도를 바친다)

저희 안에 계시는 예수님

DAY
7

예수님께 드리는 시작 기도 (14쪽의 기도를 바친다)

성체 안에 계신 예수님을 뵙는 시간

"보라, 내가 세상 끝 날까지 언제나 너희와 함께 있겠다."(마태 28,20)

당신 양 떼를 위해 목숨을 내어 주신 목자는 죽음으로 양들과 떨어지는 것을 바라지 않으셨습니다. 그분은 이렇게 말씀하십니다. "나는 언제나 성사로서 너희 곁에 있다. 너희가 나를 찾아올 때마다 이곳에서 볼 수 있으니, 언제든 너희를 돕고 위로해 줄 것이다. 나는 세상 끝 날까지 결코 너희를 버리지 않겠다."

알칸타라의 베드로 성인은 이렇게 말합니다. "신랑

은 떠나면서 신부가 홀로 남지 않도록 위로를 남기고자 했습니다. 그래서 이 성사를 남겨 주었던 것입니다. 이것이야말로 신부에게 남겨 줄 수 있는 최상의 벗이었습니다."

 인자하신 주님, 당신은 제대 앞에 나아간 저를 지극한 사랑으로 반기십니다. 또한 영성체를 할 때 거룩한 친교 안에서 친히 당신 몸을 내어 주십니다. 당신은 제 안에 현존하실 뿐 아니라 저의 양식이 되어 주시고 당신을 온전히 저에게 일치시키십니다. 그러니 저는 감히 당신을 온전히 저의 것이라고 말해 봅니다. 당신은 피조물 가운데 가장 비천한 이인 제가 온전히 당신 것이 되는 은총을 베풀어 주셨습니다. 그러니 저도 제 자신을 온전히 당신께 내어 드립니다.

 제 영혼의 사랑이신 하느님, 저는 말만이 아닌 행동으로 온전히 당신 것임을 드러내고 싶습니다. 비오니 제 안에 당신 성혈의 공로에 대한 믿음을 크게 하시어, 제가 더 이상 제 것이 아니라 온전히 당신 것이 되는 은총을 얻게 하소서.

　모든 이의 기도를 귀여겨들으시는 주님, 당신을 목말라하는 이 가련한 영혼의 기도도 함께 들어 주소서. 저는 온 힘을 다해 당신을 사랑하고 싶습니다. 어떤 위로나 보상도 바라지 않고, 오로지 당신 뜻을 따르고자 합니다. 오직 사랑으로써, 오직 사랑 가득한 당신 마음에 순종하며 섬기고 싶습니다. 유일한 상급은 당신을 사랑하는 것뿐입니다.

　영원하신 아버지의 사랑스러운 아드님이시여, 제 자유와 의지를 비롯한 모든 것을 바치며 간절히 청하오니, 당신 사랑을 허락해 주소서. 저는 당신을 찾아 헤매며 모든 생각은 당신을 향해 있습니다. 그만큼 간절히 주님을 바랍니다.

　저의 예수님, 제가 당신 것이 되게 하소서.

묵상

신령성체 (16쪽의 기도를 바친다)

성모님을 만나는 시간

사랑하올 어머니, 온 교회는 당신을 "저희의 희망"이라고 부릅니다.

오, 성모님, 모든 이의 구원을 위해 도움의 손길을 내미시고, 절망하는 이들의 보호자이신 분! 저 역시 제 희망을 당신 발 앞에 둡니다.

성모님, 하느님의 어머니,
저를 위하여 예수님께 빌어 주소서.

성모님께 드리는 마침 기도 (17쪽의 기도를 바친다)

숨어 계시는 예수님

DAY 8

예수님께 드리는 시작 기도 (14쪽의 기도를 바친다)

성체 안에 계신 예수님을 뵙는 시간

거룩한 성체성사를 찾는 모든 영혼에게 예수님은 당신의 거룩한 정배에게 하신 말씀을 건네십니다.

"'나의 애인이여, 일어나오. 나의 아름다운 여인이여, 이리 와 주오.'(아가 2,10) 영혼이여, 네 불쌍한 처지를 떨치고 일어나오, 당신을 은총으로 충만히 채우기 위해 여기 왔으니. 두려워 말고 가까이 와 주오, 당신에게 온갖 두려움을 없애고 신뢰를 주기 위해 나의 권능을 이 성사 안에 감추어 두었으니.

나의 여인이여, 내가 당신을 사랑하고 당신이 나를

사랑하니 이제 당신은 더 이상 원수가 아니오. 나의 아름다운 여인이여, 내 은총으로 아름다워졌으니 와서 내 품에 안겨 신뢰하는 마음으로 원하는 것을 내게 청하시오."

예수의 데레사 성녀는 이 영광의 임금님께서는 빵과 포도주의 형상을 취하시어 그 안에 당신의 권능을 감추심으로써, 저희가 커다란 신뢰로써 당신 성심에 가까이 나아갈 수 있도록 힘을 북돋워 주신다고 말합니다. 그래서 저희는 신뢰와 사랑으로 예수님께 가까이 다가가 그분과 일치를 이루고 그분께 은총을 청합니다.

저희를 위해 사람이 되시고, 지금은 성사 안에 머물러 계시는 영원한 말씀이신 예수님. 당신은 존엄하신 분이심에도 불구하고 가엾은 제 영혼을 기꺼이 받아 주셨으니 제가 맛보는 이 행복은 이루 말할 수 없습니다. 하느님을 애타게 갈망하는 영혼들도 당신을 진정으로 사랑하길 바랍니다.

저의 예수님, 제 사랑이 오로지 당신만을 향하게 해

주십시오. 그리하여 온전히 저를 차지하시어 당신의 선하심 외에는 다른 것은 생각하지 않도록 하십시오. 제 심장은 당신을 위해서가 아니면 기쁘게 고동치지 않습니다.

DAY 8

바라건대, 모든 사람이 자신들을 향한 당신의 온유한 사랑을 알아, 당신이 바라고 뜻하신 대로 당신을 공경하며 기쁘게 해 드리기 위해 살기를 간구합니다. 저는 당신의 무한하신 아름다움에 흠뻑 빠져 사랑하고 싶습니다. 당신을 기쁘게 해 드리기 위해서라면 제가 할 수 있는 모든 것을 다 하고 싶습니다.

당신께서 좋아하시는 것이라면 어떤 대가를 치르더라도, 설령 제 목숨을 잃는다 할지라도, 결코 그것을 소홀히 하지 않겠습니다. 모든 것을 잃을지라도 당신을 얻는다면 저는 행복합니다. 당신은 저의 하느님, 저의 보배, 저의 사랑, 저의 모든 것이기 때문입니다.

예수님, 저의 사랑, 저는 온전히 당신의 것이 되고 싶습니다.

묵상

신령성체 (16쪽의 기도를 바친다)

성모님을 만나는 시간

"어리석은 이는 누구나 이리로 들어와라!"(잠언 9,4)

성모님은 도움을 필요로 하는 어린이들을 부르시어 자애로운 어머니이신 당신 품 안에 안아 주십니다. 요한 에우세비오 신부는 이렇게 말했습니다. "모든 어머니의 사랑은 성모님이 우리에게 쏟으시는 그 사랑에 비하면 그림자와 같습니다."

자비로우신 성모님께 비오니 제가 주님을 사랑할 수 있도록 도와주시길 간청합니다. 하느님 외에 당신만큼 제 구원을 간절히 바라시는 분은 없습니다. 그러니 저를 구원의 길로 이끌어 주소서.

저의 어머니, 제가 당신을 잊는 일이 결코 없게 하소서.

성모님께 드리는 마침 기도 (17쪽의 기도를 바친다)

은총의 샘이신 예수님

예수님께 드리는 시작 기도 (14쪽의 기도를 바친다)

성체 안에 계신 예수님을 뵙는 시간

요한 사도는 "가슴에는 금띠를 두르고"(묵시 1,13) 계신 주님을 보았습니다. 이처럼 제대의 성사 안에 계시는 예수님은 당신의 충만한 은총으로 저희를 풍요롭게 채워 주시는 분입니다. 사실 예언자가 말하듯, 저희는 어머니의 팔에 안겨 젖을 빠는 자식들처럼(이사 66,12-13 참조) 그분 품에 안길 것입니다.

사람들에 따르면, 가경자 발타사르 알바레스 신부는 성체 안의 예수님께서 양팔에 은총을 가득 안으시고 그것을 받아 갈 사람을 찾는 것을 보았다고 합니다.

또한 시에나의 가타리나 성녀도 성체를 받아 모실 때 마치 어머니 품에 안긴 아기처럼 소중하게 영하였다고 합니다.

　영원하신 아버지의 사랑스러운 아드님, 당신께서는 모든 사랑을 받기에 마땅한 분이십니다. 그러니 저 또한 당신 공로에 맞갖은 사랑을 드리고자 합니다. 비록 저는 죄를 지어 성당 안에서 당신을 사랑하고 가까이 마주할 자격이 충분하지 못합니다. 하지만 여전히 당신께서 제 사랑을 찾고 계심을 알고, 저를 부르시는 소리를 듣습니다. "내 아들아, 너는 잘 듣고 지혜로워져 너의 마음을 바른길로 이끌어라. 너희는 마음을 다하고 …… 주 너희 하느님을 사랑해야 한다."(잠언 23,19; 마태 22,37; 신명 6,5)

　당신께서 제 생명을 보전하시고 지옥에 떨어뜨리지 않으심은 제가 회개하여 오로지 당신만을 사랑하게 하기 위함입니다. 저의 하느님, 그래서 제가 여기 이렇게 당신께 저를 봉헌합니다. 당신을 제 마음의 유일한 임금이시자 주님으로 선포합니다. 당신께서 그것을 바라시니 저는 그것을 드릴 뿐입니다. 제 마음이 비록 메마르고 소심하나 당신은 그런 제 마음을 받아들이시어 변화시켜 주십니다. 주님, 저를 도와주시어 저의 모든 것을 변화시켜 주소서. 저는 이제 예전처럼 살고 싶지 않습니다. 이제까지 저를 사랑하시며 저에게 끝없는 사랑을 받아 마땅한 당신의 선하심을 배반하고 저버렸습니다. 이전에 제가 드리지 못한 사랑을 이제 가득 채울 수 있게 하소서.

저의 하느님, 저의 하느님,
당신을 간절히 사랑하고 싶습니다.

묵상

신령성체 (16쪽의 기도를 바친다)

성모님을 만나는 시간

성모님은 자비의 어머니이시며, 불쌍한 이들을 즐겨 도와주시고 위로해 주십니다. 이는 당신 아드님인 예수님의 모습과 참으로 닮았습니다. 진정 은총을 아낌없이 베풀어 주시기를 바라시기에 베르나르도 성인은 성모님을 일컬어 "우리가 은혜와 은총을 바라고 청하는 것보다, 더 풍성히 내리길 간절히 원하시는 분"이라고 말했습니다.

당신께 인사드립니다, 저희의 희망이시여.

성모님께 드리는 마침 기도 (17쪽의 기도를 바친다)

유일한 선이신 예수님

예수님께 드리는 시작 기도 (14쪽의 기도를 바친다)

성체 안에 계신 예수님을 뵙는 시간

아우구스티노 성인은 《고백록》에서 이렇게 말했습니다. "이 땅의 어리석은 이들아! 마음의 만족을 어디에서 찾는가? 예수님께로 가거라. 그분만이 너희들이 찾는 만족을 주실 수 있으니. 가엾은 이들아, 어디로 가느냐? 너희가 찾는 선은 하느님에게서 나오거늘. …… 그 안에 모든 선을 품고 계시는 유일한 선을 찾아라."

그러니 제 영혼은 오직 하느님만을 찾고 구할 뿐입니다. 저는 당신께서 제 옆에 계심을 압니다. 제 청을 들어 주시고자 성합 안에 계신 당신을 바라봅니다.

예수의 데레사 성녀는 이렇게 말했습니다. "모든 사람이 왕과 이야기하지는 못하므로, 중간에 사람을 시켜 말을 전해야 합니다. 하지만 영광의 임금님이신 주님과 대화할 때는 그 어떤 중재자도 필요치 않습니다. 당신은 언제나 제대의 거룩한 성사 안에서 모든 이의 말을 귀여겨들으시기 때문입니다."

그리고 당신은 그 안에서 모든 이의 말을 귀여겨들으십니다. 원하는 사람은 누구나 당신을 찾고, 직접 대화를 나눌 수 있습니다. 또한 사람들이 세상 임금과 말할 때는 참으로 조심해야 할 것이 많습니다. 그들은 어쩌다 한 번씩 알현을 허락하지만, 당신께서는 그러지 않으십니다. 성사 안에 계시며 원하는 사람들에게 밤낮없이 당신의 얼굴을 마주보는 것을 허락하시기 때문입니다.

오, 사랑의 성사여! 사람들의 메마른 마음도 이끄시어 제가 당신 사랑의 종으로 살도록 하십시오. 제 모든 애정과 소망, 이익을 버리고 당신 손에 모든 것을 맡깁니다. 저를 받아 주시어 당신 뜻대로 써 주소서. 저는 당신의 거룩한 가르침을 온전히 따르고자 합니다. 그 모든 것이 당신 사랑에서 우러나오는 것이니, 참으로 사랑스럽고 은혜로운 것이라 확신하기 때문입니다. 당신이 원하는 것이면 저 또한 간절히 원합니다.

　이제 제가 당신의 거룩한 뜻에 따라 살면서, 제 모든 것을 버릴 수 있도록 도와주십시오. 저는 당신 뜻에 따라 살고 죽기를 원합니다. 당신의 기쁨이 제 기쁨이며, 당신의 바람이 제 바람입니다.

　저의 하느님, 저를 도와주시어 오직 당신만을 위해 살게 하시며 오직 당신의 뜻만을 찾고, 당신의 뜻만을 사랑하게 하소서. 주님께서는 인간을 위해 돌아가셨으며 마침내 저희의 양식이 되어 주셨습니다.

　이처럼 저 또한 당신 사랑을 위해 기꺼이 죽기를 원합니다. 당신의 마음을 아프게 해 드렸던 지난날이 참으로 쓰라립니다.

오, 거룩하신 하느님의 뜻이여! 저는 하느님을 사랑하듯 그분의 뜻도 온전히 사랑합니다. 온 마음을 다해 당신을 사랑하며 제 모든 것을 당신께 드립니다.

하느님의 뜻이여, 저의 사랑이여.

묵상

신령성체 (16쪽의 기도를 바친다)

성모님을 만나는 시간

하늘의 여왕이신 성모님은 이렇게 말씀하십니다.

"나에게는 부와 영예가 있고 …… 나는 나를 사랑하는 이들에게 재산을 물려주고 그들의 보물 곳간을 채워 준다."(잠언 8,18-21)

은총으로 풍요로워지길 원한다면 성모님을 사랑해야 합니다. 라이문도 조르다노는 성모님을 일컬어 "은총의 보화를 소유하고 계시는 분"이라고 했습니다. 복되어라, 사랑과 신뢰로 성모님께 달려가는 사람! 제 희망이신 어머니 성모님은 저를 거룩하게 하실 수 있으니 당신 도움에 희망을 둡니다.

사랑하올 어머니, 저를 위하여 빌어 주소서.

성모님께 드리는 마침 기도 (17쪽의 기도를 바친다)

선한 목자이신 예수님

DAY 11

예수님께 드리는 시작 기도 (14쪽의 기도를 바친다)

성체 안에 계신 예수님을 뵙는 시간

예수의 데레사 성녀는 이렇게 말했습니다. "사랑하는 우리 목자이신 예수님과 멀리 떨어져서는 안 됩니다. 그분은 당신 가까이 있는 양들을 어여삐 여기시고, 당신 음식으로 그 양들을 먹이십니다. 목자가 잠들지라도 양들은 그 곁에서 목자가 깰 때까지 기다려야 합니다. 그러면 목자는 그 양들을 위해 더 많은 선물을 베풀어 줍니다."

구세주 예수님, 저는 당신의 양 떼처럼 그 곁에 머물고 있습니다. 그러니 어떻게 길을 잃고 헤맬 수 있겠습니까? 양 떼를 돌보며 더없이 풍요로운 목초를 안겨 주는 선한 목자이시여! 저는 거룩한 성체성사 안에 계신 당신께 마음을 다해 흠숭을 드립니다.

저의 주님, 성체 안의 당신 현존에 대한 저의 믿음을 굳건히 하소서. 이 성사 안에는 이제 더 이상 빵도 없고 포도주도 없습니다. 저를 위하여 그곳에 온전히 계시는 분은 바로 당신이십니다. 비록 제 눈으로 당신을 보지는 못하지만, 신앙으로 축성된 제병 안에 당신이 현존해 계심을 알고 당신께서 하늘과 땅의 왕이시요 세상의 구원자이심을 믿습니다.

영원한 당신의 행복은 제가 누릴 수 있는 모든 선보다 더 값집니다. 제 행복도 구세주이신 당신 선의 충만함에 있습니다. 그 모든 선으로 충만해지길 간절히 소망하오니, 제 의지와 오감, 능력을 비롯한 모든 것이 당신을 위해 쓰이게 해 주십시오. 그리고 항상 당신 영광을 찬양하게 하소서.

예수님, 저는 온전히 당신의 것이 되고 싶습니다.

DAY 11

묵상

신령성체 (16쪽의 기도를 바친다)

성모님을 만나는 시간

"행복하여라, 내 말을 듣는 사람! 날마다 내 집 문을 살피고 내 대문 기둥을 지키는 사람!"(잠언 8,34)

행복하여라, 부자의 대문 앞에 선 가난한 사람들처럼 성모님의 자비의 샘에서 은총을 청하는 사람! 더욱 행복하여라, 성모님의 덕과 순결, 겸손을 본받으려는 사람!

성모님은 어머니로서 예수님을 가장 먼저 사랑하셨습니다. 성모님, 저를 도와주시어 늘 당신처럼 살도록 도와주소서. 그리고 당신과 똑같이 하느님 안에서 행복을 누리게 하소서.

저의 희망이신 성모님, 저를 도와주소서.

성모님께 드리는 마침 기도 (17쪽의 기도를 바친다)

마음의 쉼터이신 예수님

DAY 12

예수님께 드리는 시작 기도 (14쪽의 기도를 바친다)

성체 안에 계신 예수님을 뵙는 시간

"하느님은 사랑이십니다. 사랑 안에 머무르는 사람은 하느님 안에 머무르고 하느님께서도 그 사람 안에 머무르십니다."(1요한 4,16)

예수님을 사랑하는 사람은 예수님과 함께 머물고 예수님도 그 사람과 함께 머무십니다. "나를 사랑하는 사람은 내 아버지께 사랑을 받을 것이다. …… 우리가 그에게 가서 그와 함께 살 것이다."(요한 14,21-23)

필립보 네리 성인은 임종을 앞두고 병자성사를 받은 후, 성체를 영하며 "제 사랑이 여기 있습니다."라고 외쳤습니다. 저희 또한 거룩한 성체성사 앞에서 성인처럼 외쳐야 합니다. 저희가 온 생명을 다해 영원히 갈망하는 분이기 때문입니다.

  저의 하느님, 당신은 당신을 사랑하는 사람을 사랑하며 그 사람 안에서 영원히 머무실 거라 약속하셨습니다. 그러니 제 안에 사랑의 불을 밝히시어 저로 하여금 당신을 더욱 사랑하게 하시고, 제 영혼을 당신의 하늘 거처로 삼으십시오. 다시는 저에게서 멀리 떠나지 마시고, 저 또한 당신에게서 멀어지지 않게 해 주십시오.

  지난날 제가 당신을 멀리하였더라도, 또 지금도 당신을 멀리하더라도, 이제 다시는 그와 같은 불행을 반복하지 않게 해 주십시오. 저는 당신을 제 영혼에서 멀리 몰아내고 싶지 않습니다. 차라리 당신의 뜻 안에서 죽음을 허락하시어 당신과 함께 영원히 살 수 있게 하소서.

예수님, 항상 당신을 사랑하며
당신의 사랑을 받고 싶습니다.

DAY 12

묵상

신령성체 (16쪽의 기도를 바친다)

성모님을 만나는 시간

"나와 함께 일하는 이들은 죄를 짓지 않으리라."(집회 24,22)

성모님은 이렇게 말씀하십니다. "나를 공경하는 사람은 영원한 인내의 덕을 선물로 얻을 것이며, 이웃에게 나를 알리는 사람은 영원한 생명을 얻을 것이다. 나를 다른 이들에게 널리 알려 사랑하게 하는 이들은 선택을 받을 것이다." 저는 언제 어디서나 성모님을 찬미하는 노래를 부를 것입니다.

거룩한 동정 성모님,

제가 당신을 찬미하기에 합당한 이가 되게 하소서.

성모님께 드리는 마침 기도 (17쪽의 기도를 바친다)

사랑의 포로이신 예수님

DAY 13

예수님께 드리는 시작 기도 (14쪽의 기도를 바친다)

성체 안에 계신 예수님을 뵙는 시간

"내 눈과 내 마음이 언제나 이곳에 있을 것이다."(1열왕 9,3)

예수님은 세상 끝까지 저희와 함께 계시리라 약속하셨습니다. 주님, 당신은 사랑의 포로가 되셨습니다. 당신은 밤낮으로 이 세상에 머물러 계시며, 감실 앞에 나와 당신께 흠숭과 감사를 드리러 온 이들을 기쁘게 맞아 주십니다.

저희는 이 세상을 떠날 때 육신으로서는 주님과 작별하지만 그 마음은 당신 발아래 남겨 두고 떠납니다.

이로써 저희는 성합 안에 계신 주님께 흠숭을 드리고, 당신께서는 그런 저희를 기다리십니다. 이로써 저희는 사람이 되신 주님과 영원히 영적 친교를 나눌 것입니다.

　예수님, 저는 당신께 깊은 감사를 드리며 제 의지와 사랑을 바칩니다. 전능하신 당신께서는 저희 곁에 가까이 계시고자, 무엇보다도 영혼과 깊은 사랑을 나누기 위해 거룩한 성사 안에 머물러 계십니다.

　그 누가 당신에게서 멀어질 수 있겠습니까? 당신은 저희 안에 들어오시어 저희 마음을 차지하시기 위해 축성된 제병 속에 현존해 계십니다. 당신은 저희 안에 들어와 저희와 하나 되시기를 간절히 바라십니다. 누가 감히 당신을 거부하겠습니까?

　오소서, 예수님. 제 안에 당신을 모시기를 원합니다. 제 마음을 온통 당신 사랑으로 가득 채우고 싶습니다. 제 마음에 자리 잡았던 모든 즐거움과 욕망을 버리고 당신 사랑 앞에 무릎 꿇습니다. 저의 하느님, 당신을 사랑합니다.

저를 당신께로 이끄시어

당신 사랑의 사슬로 묶어 주소서.

묵상

신령성체 (16쪽의 기도를 바친다)

성모님을 만나는 시간

베르나르도 성인은 은총을 받고자 할 때에는 성모님을 통하여 청하라고 말했습니다. "성모님께 은총을 청하고, 그분을 통해 은총을 구하십시오." 베드로 다미아노 성인도 "성모님은 하느님 은총의 보화"라고 말했습니다.

성모님은 저희를 은총으로 풍요롭게 해 주시기를 원하십니다. 그래서 "어리석은 이는 누구나 이리로 들어와라!"(잠언 9,4)라고 하며 저희를 부르십니다.

은총의 어머니, 당신께 도움을 청하고 의탁하는 이

가엾은 죄인을 굽어 보소서.

하느님의 거룩하신 어머니,
당신 보호하심 속으로 저희가 피신합니다.

성모님께 드리는 마침 기도 (17쪽의 기도를 바친다)

사랑은 사랑을 낳습니다

DAY 14

예수님께 드리는 시작 기도 (14쪽의 기도를 바친다)

성체 안에 계신 예수님을 뵙는 시간

지극히 사랑하올 예수님, 성합 안에 계신 당신의 목소리가 들립니다. "이는 길이길이 내 안식처 내가 이를 원하였으니 나 여기에서 지내리라."(시편 132,14)

당신은 제대의 거룩한 성체성사 안에 계시며, 사람들 가운데 당신 거처를 마련하셨습니다. 그곳에서 베푸시는 당신의 사랑은 참으로 고요합니다. 저희 마음도 항상 당신 곁에 머물며 기쁨과 쉼을 찾습니다.

행복하여라, 세상에서 쉼터를 찾지 않고 거룩한 성체성사 안에 계신 예수님 곁에 머무는 사랑의 영혼들!

주님, 저는 당신 곁에 머물며 더 큰 즐거움을 발견했습니다. 주님을 따르지 않았던 그 시간은 참으로 불행했습니다. 오랜 세월 동안 제 어리석음을 묵묵히 참아 주신 무한한 인내를 깊이 찬미합니다. 주님께서는 제가 은혜를 저버렸음에도 불구하고 지금도 여전히 기다리십니다. 저의 하느님, 대체 그 이유가 무엇입니까? 그것은 당신의 자비와 사랑에 힘입어 당신께 제 자신을 오롯이 바치기 위함입니다. 저는 더 이상 당신께 반항하고 싶지 않고, 당신의 은혜를 저버리고 싶지 않습니다. 앞으로 살아야 할 시간만이라도, 그 세월이 많든 적든, 당신께 저를 봉헌하고 싶습니다.

　예수님, 저는 당신의 도우심을 믿고 바라니, 제가 당신 것이 되게 해 주십시오. 주님께서는 당신을 멀리했던 순간이나, 그 사랑을 외면했을 때에도 변함없이 사랑해 주셨습니다. 하지만 이제는 당신을 간절히 찾고 원하니 저를 얼마나 더 사랑해 주시겠습니까!

　무한한 사랑이신 하느님, 제게 당신을 사랑할 수 있

DAY 14

는 은총을 허락해 주십시오. 무한히 선하신 하느님, 당신의 마음을 아프게 해 드린 잘못을 뉘우치니 저를 용서하시고, 죽기까지 당신을 사랑하며 영원히 또 다른 생명을 누리는 가운데서도 당신만을 사랑하는 은총을 허락해 주십시오.

예수님, 저 같은 어리석은 영혼이 마침내 당신을 향한 사랑으로 충만해지는 이 기적을 당신 공로로 이루어 주십시오. 이것이 곧 저의 결심이자 바람입니다. 이 모든 것을 이루는 데 필요한 힘을 저에게 주소서.

예수님, 그토록 오랜 세월 저를 기다려 주셨으니
당신께 깊이 감사드립니다.

묵상

신령성체 (16쪽의 기도를 바친다)

성모님을 만나는 시간

제르마노 성인은 성모님을 두고 이렇게 말했습니다. "저의 희망이신 어머니, 당신 중재가 아니면 그 누구도 구원받을 수 없습니다. 또 그 누구도 악에서 자유로워지지 못하며, 은총도 받지 못합니다. 저는 당신의 도움 없이는 곧 쓰러져, 마침내 하늘나라에 올라 당신의 복되심을 노래할 수 없습니다."

사랑이신 어머니, 성인들은 당신을 두고 이렇게 말합니다. 성모님은 당신을 한결같이 믿고 의지하여 그 품안으로 달려오는 이들을 저버리지 않으신다고 말입니다. 하지만 어머니께 도움을 청하지 않는 이들은 스스로 무너져 버리고 맙니다. 이제 가엾은 제가 당신께 달려와 모든 희망을 어머니께 둡니다.

당신께 저의 모든 신뢰와 저의 모든 희망을 둡니다.

성모님께 드리는 마침 기도 (17쪽의 기도를 바친다)

사랑의 불

DAY 15

예수님께 드리는 시작 기도 (14쪽의 기도를 바친다)

성체 안에 계신 예수님을 뵙는 시간

"나는 세상에 불을 지르러 왔다. 그 불이 이미 타올랐으면 얼마나 좋으랴?"(루카 12,49)

가경자 프란치스코 올림피오 테아티노 신부는 "사람들 마음속에 하느님 사랑의 불길이 타오를 수 있도록 하는 것은 거룩한 성체성사뿐입니다."라고 했습니다. 시에나의 가타리나 성녀도 "성체성사는 뜨겁게 타오르는 사랑의 용광로와도 같습니다. 이 성사 안에 예수님이 계십니다. 그리고 그분에게서 치솟는 거룩한 불길은 온 세상으로 뻗어 나갑니다. 어떻게 하느님의 사랑의 불로 그 많은 사람들이 사랑을 불사르지 않고 살아갈 수 있는 것인지요!"라며 놀라워했습니다.

저의 예수님, 당신을 향한 사랑으로 불타오르고 싶습니다. 당신 외에는 아무것도 생각하지 않고, 아무것도 그리워하지 않고, 아무것도 바라지 않고, 아무것도 찾지 않게 하소서. 당신의 거룩한 불길이 저를 불살라, 지난 세월 제 욕정을 없애 버린다면 얼마나 행복하겠습니까! 하느님의 말씀이신 예수님, 당신은 제대에서 저를 사랑하시기 위해 당신을 사랑의 제물로 봉헌하셨습니다.

저 또한 당신께 저의 영혼과 의지와 생명을 모두 제물로 봉헌합니다. 오, 하느님, 저의 이 보잘것없는 제물을 당신의 아드님이시요 저의 구원자이신 예수님께서 일찍이 십자가 위에서 봉헌하셨고, 이제 날마다 제대 위에서 봉헌하시는 그 무한하신 제물과 굳게 결합시키려 합니다.

간절히 바라오니, 이 거룩한 제물의 공로로 저의 제

물도 받아 주시어, 삶 안에서 모든 것을 주님께 봉헌할 수 있도록 해 주십시오. 주님을 따랐던 순교자들은 죽음으로서 당신 사랑을 드러내 보였습니다. 저 역시도 이 은총을 얻길 진심으로 바랍니다.

하지만 주님, 제가 합당하지 않거든 날마다 삶에서 모든 것을 봉헌할 수 있도록 이끌어 주소서. 그리하여 언젠가 세상을 떠날 때 당신이 베푸는 죽음을 평안히 맞게 해 주십시오. 제가 언제 어디서 죽더라도 그 죽음마저 당신께 봉헌합니다.

저의 예수님, 당신 은총 안에서 죽기를 원합니다.

묵상

신령성체 (16쪽의 기도를 바친다)

성모님을 만나는 시간

오, 성모님. 베르나르도 성인이 성모님을 "제 유일한 희망"이라고 말한 것처럼, 저도 이처럼 말할 수 있게 해 주십시오. 또한 다마스쿠스의 요한 성인처럼 "당신께 제 모든 희망을 둡니다."라고 말하게 해 주십시오. 제가 죄의 용서를 얻게 하시고, 죽는 날까지 인내하는 힘을 주시며 연옥의 벌에서 해방되게 해 주십시오. 구원을 바라는 모든 이들은 반드시 당신의 도우심을 얻어야 하니, 저희를 구해 주소서.

당신께 부르짖는 이들의 구원이신 성모님,
저를 구하소서.

성모님께 드리는 마침 기도 (17쪽의 기도를 바친다)

저희의 위로이신 예수님

DAY 16

예수님께 드리는 시작 기도 (14쪽의 기도를 바친다)

성체 안에 계신 예수님을 뵙는 시간

사람들이 자신의 악행을 고치기 위해 언제나 거룩한 성체성사 앞으로 달려 나왔다면 얼마나 좋았겠습니까!

일찍이 예레미야 예언자는 "길앗에는 유향도 없고 그곳에는 의사도 없단 말이냐?"(예레 8,22)라고 탄식했습니다. 길앗은 아랍에 있는 약초가 많은 산입니다. 베다 성인은 이것을 성체성사 안에서 저희의 악행을 치유해 주실 약을 지니고 계시는 예수님을 형상화한 것이라고 했습니다.

그러므로 구세주께서는 마치 "이 성사 안에 모든 약

이 다 있는데, 너희는 어찌하여 자신들이 저지른 악행을 불평만 하느냐?"라고 저희를 나무라시는 것 같습니다. "고생하며 무거운 짐을 진 너희는 모두 나에게 오너라. 내가 너희에게 안식을 주겠다."(마태 11,28)

  주님, 저는 라자로의 자매들처럼 "주님, 주님께서 사랑하시는 이가 병을 앓고 있습니다."(요한 11,3)라고 당신께 말씀드리고 싶습니다. 바로 제가 당신이 사랑하시는 그 가엾은 이입니다. 제 영혼은 죄로 신음하며 고통스러워하고 있기에, 저를 고쳐 주실 주님 품 안으로 달려듭니다. 당신 뜻을 따르지 않고 다시금 죄를 저질렀으니, 제 영혼을 건강하게 해 주십시오.

  지극히 자애로우신 예수님, 저를 당신 곁으로 불러 주십시오. 저는 온 세상의 주인이 되기보다 당신과 함께 있는 것이 더 좋습니다. 그 외에는 아무것도 바라지 않습니다. 당신을 사랑하기 위해서라면 제 모든 걸 즉시 버리겠습니다. 모든 즐거움과 안락함, 가족과 친척, 심지어 영적인 위로까지 다 버리겠습니다. 제가 바랄 수 있는 모든 것을 당신 앞에 내어 드립니다. 무한히 선하신 주님, 저는 제 자신보다도 당신을 더 간절히 사랑합니다.

저의 예수님, 당신께 저를 드리니 기쁘게 받아 주소서.

묵상

신령성체 (16쪽의 기도를 바친다)

성모님을 만나는 시간

하늘의 어머니는 비르지타 성녀에게 이렇게 말씀하셨습니다. "그 어떤 큰 죄를 저지른 이도, 죄를 뉘우치고 내게 돌아오면 언제든 반갑게 맞이할 것이다. 나는 무엇보다 다시 죄를 뉘우치고 돌아오는 그 굳은 마음을 중요하게 여긴다. 나는 진정 자비의 어머니이니 그 상처를 치료하여 낫게 해 줄 것이다."

천상의 치유자이신 성모님은 저를 낫게 하실 수 있습니다. 당신이 바라시는 것도 그것이니, 당신을 믿고 그 품안으로 달려갑니다. 제 영혼의 상처를 치유해 주소서. 당신의 아드님께 한 말씀만 건네주시면 제가 곧 나을 것입니다.

성모님, 저를 가엾이 여기소서.

성모님께 드리는 마침 기도 (17쪽의 기도를 바친다)

사랑과 흠숭의 현존

DAY 17

예수님께 드리는 시작 기도 (14쪽의 기도를 바친다)

성체 안에 계신 예수님을 뵙는 시간

사랑하는 이들은 연인의 얼굴을 마주보기를 즐겨합니다. 우리가 예수 그리스도를 사랑한다면 이렇게 그분 앞에 나와 있기를 즐겨할 것입니다. 그분께서는 우리를 굽어보시고, 우리 얘기를 귀여겨들으십니다.

그분의 현존은 위로가 되며, 수많은 영혼을 이끌어 주는 그 영광과 사랑은 우리를 기쁘고 즐겁게 합니다. 저는 이처럼 거룩한 성체성사 안에 계시는 예수님을 모든 이가 사랑하며 자신의 마음을 오롯이 내어 주길 바랍니다. 그러면 주님께 바치는 저희의 사랑이 모든 마음의 정점이자 목적이 될 것입니다.

예수회의 살레시오 신부는 거룩한 성체성사에 대한 말을 듣는 것만으로도 크나큰 위로를 받았습니다. 하지만 거기에 만족하지 않고, 언제 어디를 가든 반드시 예수님 앞에 머물러 인사를 드리는 시간을 마련했습니다. 그는 이 성사의 진리를 수호하다가 이단자들의 손에 죽음을 맞았습니다.

오, 사랑하올 예수님, 당신 사랑의 충만함을 온전히 저희에게 내보여 주시니, 저 또한 이 진리를 수호하기 위해 기꺼이 죽고자 합니다. 이제껏 수많은 기적을 베푸신 것처럼 이제 저를 당신 곁으로 불러 주십시오. 그리하여 저로 하여금 오직 당신만을 열렬히 사랑하고, 당신 사랑의 겸손한 종이 되는 기적을 베푸소서.

저의 예수님, 언제쯤 제가 당신을 진실로 사랑하리까?

묵상

신령성체 (16쪽의 기도를 바친다)

DAY 17

성모님을 만나는 시간

자애로우신 여왕이시여, 열심한 이들이 당신을 두고 "사랑하올 어머니"라 부르니 이 얼마나 아름다운 일입니까! 당신은 진실로 사랑하올 어머니이십니다.

"임금님이 너의 아름다움을 열망하시리니"(시편 45,12)라는 시편 노래처럼, 당신의 아름다우심은 하느님의 사랑을 흠뻑 받았습니다. 보나벤투라 성인은 이렇게 말했습니다. "성모님의 이름을 부르거나 들을 때, 그 사람의 마음속에는 그분을 사랑하고픈 원의가 불붙듯 치솟습니다."

오, 자애롭고 지극히 사랑하올 성모님, 저희는 당신의 이름을 부르거나 듣는 것만으로도 힘을 얻고 생기를 되찾습니다.

당신을 사랑함이 마땅하지만, 저는 여기서 만족하지 않습니다. 저는 지상에서나 하늘에서나 성모님을 사랑하는 일에 관한 한, 하느님 다음으로 어머니를 사랑하는 이가 되고 싶습니다. 이 바람이 무례할 수도 있으나 저는 어머니의 선하심을 알고 있습니다. 이 소망을 받아 주시어, 당신께 청하는 사랑을 하느님으로부터 얻게 해 주십시오. 하느님께서는 어머니를 향한 이 사랑을 무엇보다도 기뻐하실 것입니다.

지극히 사랑하올 어머니, 당신을 진실로 사랑합니다.

성모님께 드리는 마침 기도 (17쪽의 기도를 바친다)

예수님과 함께 나누는 친교

DAY 18

예수님께 드리는 시작 기도 (14쪽의 기도를 바친다)

성체 안에 계신 예수님을 뵙는 시간

언젠가 예수님은 요사팟 계곡에서 영광의 옥좌에 앉으실 것입니다. 그러나 지금은 이 거룩한 성체성사 안에서 사랑의 옥좌 위에 앉아 계십니다. 한 임금이 백성과 참된 우정을 나누고자 그가 사는 동네로 자주 찾아갔을 때, 왕을 만나기를 거부한다면 이는 매우 배은망덕한 일이 될 것입니다.

예수님, 당신은 사랑을 품고 제대의 성사 안에 머무십니다. 저도 늘 당신 앞에 머무르고 싶습니다. 천사들 또한 저희를 향한 당신 사랑에 놀라움을 금치 못하니다. 천사들이 늘 주님 곁에 있듯, 저 역시 늘 당신을 기쁘게 해 드리고 저를 위한 당신 사랑과 선의를 찬양함이 마땅합니다.

"제 마음 다하여 당신을 찬송합니다. 신들 앞에서 당신께 찬미 노래 부릅니다. 당신의 거룩한 궁전을 향해 엎드려 당신의 이름을 찬송합니다. 당신의 자애와 당신의 진실 때문이며 당신의 이름과 말씀을 만물 위로 높이셨기 때문입니다."(시편 138,1-2)

오, 하느님. 당신은 날마다 제대에서 내려와 함께 친교를 나누실 만큼 인간을 사랑하십니다. 제게도 영적인 마음을 일으켜 주시어, 당신 사랑에 당신을 맞이하며 당신과 친교를 나누게 하소서.

사랑이신 예수님, 당신의 사랑을 저에게 주소서.

묵상

신령성체 (16쪽의 기도를 바친다)

DAY 18

성모님을 만나는 시간

더없이 비참한 이들이 구호소의 도움을 받듯이, 가장 가엾은 죄인들은 성모님의 자비로 돌봄을 받습니다. 하느님께서는 성모님을 죄인들의 피난처가 되도록 해 주셨습니다. 바실리오 성인은 "하느님께서 죄인들에게 구호소를 마련해 주셨다."라고 말했습니다. 에프렘 성인 역시 성모님을 "죄인들의 피난처"라고 불렀습니다.

저의 어머니, 제가 당신을 믿고 당신 품속으로 달려든다면, 그것은 제 처지가 더없이 가엾고 불쌍할수록 당신의 보호하심에 매달리고픈 저의 소망도 커질 수밖에 없기 때문입니다. 하느님께서는 당신을 가엾고 불쌍한 이들의 피난처가 되도록 지어내셨습니다.

가엾고 불쌍한 죄인인 저는 어머니를 믿으며, 그 품속으로 달려듭니다. 이는 제가 나약할수록 당신의 보호에 매달리고픈 바람이 크기 때문입니다. 하느님은 당신을 가엾고 불쌍한 이들의 피난처로 삼으셨습니다. 성모님, 가엾은 죄인인 저는 구원의 희망이신 당신의 품 안에 몸을 의탁합니다. 당신께서 저를 구하시지 않는다면 누구에게 가겠습니까?

저의 피난처이신 성모님, 저를 구원해 주소서.

성모님께 드리는 마침 기도 (17쪽의 기도를 바친다)

친구이신 예수님

DAY 19

예수님께 드리는 시작 기도 (14쪽의 기도를 바친다)

성체 안에 계신 예수님을 뵙는 시간

친구와 함께 시간을 보내는 것은 즐겁습니다. 그러니 영원한 친구인 예수님과 함께 지내는 것은 얼마나 즐겁겠습니까? 그분은 눈물의 골짜기에서 저희를 열렬히 사랑하시며, 늘 곁에 머물러 계십니다. 그러므로 마음을 열고 예수님과 대화를 나누며, 필요한 은총을 그분께 청할 수 있습니다. 저는 이 성사 안에서 온전히 신뢰하는 마음으로 어떠한 두려움도 없이 하늘의 임금님과 마주 대할 수 있습니다.

야곱의 아들 요셉은 하느님께서 감옥에 갇힌 자신과

함께 계시고, 하는 일마다 잘 되게 해 주심에 기뻐했습니다(창세 39,21-23 참조). 정녕 그분은 "사슬에 묶였을 때에 그를 저버리지 않았습니다."(지혜 10,14 참조) 그러나 이 척박한 세상에 사람이 되신 하느님께서 항상 함께 계시니 이보다 더한 행복이 어디 있겠습니까? 하느님은 언제나 저희 곁에 가까이 계십니다. 그러므로 감옥에 갇힌 가련한 이는 자신을 이 불행에서 꺼내 주고 희망을 보여 주는 다정한 친구로부터 큰 위안을 얻습니다.

이처럼 거룩한 성사 안에 계시는 예수님은 용기를 북돋워 주며 이렇게 말씀하십니다. "'내가 세상 끝 날까지 언제나 너희와 함께 있겠다.'(마태 28,20) 나는 오로지 너희를 도와주고 위로해 주겠다. 그리고 너희가 갇혀 있는 이 감옥에서 해방해 주기 위해서 왔다. 그러니 나를 기쁘게 맞이하고 항상 내 곁에 머물며 하나 되어라. 그러면 더 이상 괴로움을 느끼지 못할 것이고, 마침내 내 나라에 들어와 복된 삶을 누릴 것이다."

신비한 사랑이신 하느님, 당신은 너그럽게도 저희

DAY 19

곁에 가까이 머물러 계십니다. 그러니 종종 당신을 찾아뵙고 하늘나라의 행복을 가져다주는 자애로운 현존을 더욱더 풍성하게 누리고자 합니다. 어떻게 해야 제가 당신께 사랑의 흠숭을 드릴 수 있겠습니까?

제 영혼이 세상일이나 무관심에 휩쓸려 당신을 찾아뵙는 것을 잊거든 크게 꾸짖어 주십시오. 그래서 언제나 당신 곁에 머물고자 하는 열망을 일으켜 주소서. 지난날 유혹에 휩쓸리지 않고 언제나 당신을 사랑했다면 얼마나 좋았겠습니까! 저의 전부이신 하느님, 그러나 이제부터라도 제게 남아 있는 모든 시간을 당신을 위해 쓸 것을 약속드립니다.

저의 하느님, 저를 도와주시어 당신을 사랑하게 하소서.

묵상

신령성체 (16쪽의 기도를 바친다)

성모님을 만나는 시간

 베르나르도 성인은 이렇게 말했습니다. "죄인이여, 믿음을 가지고 두려움 없이 성모님께 달려가십시오. 성모님은 그런 당신을 자비롭고 너그럽게 맞아 주실 것입니다. 지극히 자비로우신 여왕께서는 당신이 바라는 것보다 훨씬 더 많은 복을 베풀어 주시려 애쓰는 분이십니다."

 자비로우신 어머니를 보내 주신 하느님께 깊이 감사드립니다. 제가 성모님을 알지 못하거나, 잊어버렸다면 참으로 큰 불행이었을 것이며, 구원도 몹시 힘겨웠을 것입니다. 당신을 굳게 신뢰하며 사랑하오니, 제 영혼을 어머니 손 안에 맡깁니다.

 행복하여라, 당신을 알고 굳게 신뢰하는 사람은!

성모님께 드리는 마침 기도 (17쪽의 기도를 바친다)

생명의 샘

DAY 20

예수님께 드리는 시작 기도 (14쪽의 기도를 바친다)

성체 안에 계신 예수님을 뵙는 시간

"그날에 다윗 집안과 예루살렘 주민들의 죄와 부정을 씻어 줄 샘이 터질 것이다."(즈카 13,1)

거룩한 성체성사 안의 예수님은 예언자가 말한 샘이십니다. 그 샘은 누구나 가까이 갈 수 있기에 온갖 죄로 더러워진 영혼을 언제든 깨끗이 씻을 수 있습니다. 죄를 저지른 후, 곧바로 회개하며 제대의 거룩한 성사 앞으로 달려가는 것보다 더 좋은 처방은 없습니다. 이 샘물은 저희를 깨끗하게 씻겨 줄 뿐만 아니라, 더 이상 죄를 짓지 않고 온갖 역경을 기쁘게 이겨 내도록 합니다. 그리하여 예수님을 더욱더 사랑할 수 있도록 새로운 활력을 불어 넣어 줍니다.

오, 주님, 제가 지금 당신 사랑의 성사 앞에 나와 있습니다. 당신은 "영원한 생명을 누리게 할"(요한 4,14) 샘물이십니다. 그러니 온갖 잘못에서 저를 씻어 주시어 저를 깨끗이 하시며 제 마음을 당신으로 충만하게 채워 주십시오.

예수의 데레사 성녀와 같은 시대에 살았던 마리아 디아즈는 늘 아빌라 성당에서 거룩한 성체성사 앞에 머물렀습니다. 그리고 성체를 자신의 이웃이라 부르며, 고해성사를 보거나 성체를 영하러 가는 것이 아니면 어떠한 경우에도 그곳을 떠나지 않았습니다.

맨발의 가르멜회의 가경자 아기 예수의 프란치스코 수사는 길을 가다가도 거룩한 성체가 모셔진 성당이 있으면 그냥 지나치지 않았습니다. 그는 반드시 그곳에 들어가 예수님께 인사를 드리며 이렇게 말했습니다. "친구의 집 앞을 지나가게 되면 잠깐이라도 들러 그의 얼굴을 보고, 안부 한 마디라도 묻지 않겠습니까?" 그리고 그는 안부를 묻는 것만으로는 만족하지 못하고, 가능한 한 오래 주님 앞에 머물렀습니다.

DAY 20

무한히 선하신 예수님, 당신께서 이 성사를 세우시고 이 제대 위에 머물러 계심은 저의 사랑을 받으려 하심입니다. 그래서 당신은 저에게 사랑할 수 있는 마음을 주셨습니다. 하지만 저는 때때로 당신을 사랑하지 않았고, 당신께서 베풀어 주는 선하심에 못 미칠 정도로 너무나 부족한 사랑을 바쳤을 뿐입니다. 그래서 당신의 선하신 사랑에 진정으로 보답하지 못했습니다.

당신은 무한한 하느님이시며, 저는 보잘것없는 피조물입니다. 당신은 늘 이 성사 안에 늘 머물러 계시고, 저를 사랑하기 위해 제대 위에서 희생되셨습니다. 그런 당신을 위해 제 자신을 온전히 바친다 해도 그것은 아무것도 아닙니다. 주님, 저를 도와주시어 언제나 당신 뜻을 행하고, 당신께서 바라시는 일을 실천하도록 이끌어 주소서.

당신은 저의 사랑이시니, 저는 당신을 위해 살겠습니다.

묵상

신령성체 (16쪽의 기도를 바친다)

성모님을 만나는 시간

지극히 자애로우시고 사랑스러우시며 자비로 충만하신 여왕이시여, 저는 당신께 나아갈 때 베르나르도 성인의 말에서 신뢰의 힘을 얻습니다! "성모님은 공로를 헤아리지 않으시고 모든 사람을 당신 품에 안아 주십니다."

당신은 제 청을 기꺼이 들어 주십니다. 제 기도를 들어 주소서. 저는 비록 천 번이라도 지옥에 떨어져야 할 죄인이지만 이제 제 삶을 바꾸길 원합니다. 상처를 입혀 드렸던 하느님을 사랑하고자 합니다. 보잘것없는 저를 당신 종으로 써 주십시오. 저는 더 이상 제 것이 아니라, 당신의 것이니 저를 구하소서. 오, 성모님, 제 기도를 들어 주소서.

성모님, 저는 당신 것이오니 저를 구하소서.

성모님께 드리는 마침 기도 (17쪽의 기도를 바친다)

자신을 희생하신 예수님

예수님께 드리는 시작 기도 (14쪽의 기도를 바친다)

성체 안에 계신 예수님을 뵙는 시간

"시체가 있는 곳에 독수리들도 모여든다."(루카 17,37)

성인들은 이 시체를 예수 그리스도의 성체이며, 독수리는 세상 것을 끊고 더 높이 위로 올라 하늘을 날고 싶어 하는 영혼들을 가리킨다고 해석했습니다. 이 영혼들은 자신의 생각과 애정을 하늘에로 향하며, 머무는 거처를 하늘 높은 곳에 둡니다. 그들은 또한 땅에서도 자신들의 낙원을 발견합니다.

예수님은 이 땅에서도 거룩한 성체성사 안에 현존하여 계시니 그들은 정말 배부르지 않을 수 없습니다. 성

DAY 21

인들은 이 탄식의 골짜기에서 마치 목마른 사슴과 같이 항상 낙원의 샘을 찾았습니다.

가경자 발타사르 알바레스 신부는 어떤 상황에서도 거룩한 성체성사가 있는 곳에 시선을 두었습니다. 그리고 성체 안의 예수님을 자주 찾아뵙고, 때로는 밤새 그 앞에 머물렀습니다. 그는 사람들이 썩어 없어질 은혜를 청하기 위해 세상의 임금에게는 머리를 조아리면서, 정작 하늘의 임금님께서 사랑의 옥좌에 앉아 영원한 선을 베풀어 주시는 성당은 찾아가지 않는다는 사실에 눈물을 흘렸습니다. 알바레스 신부는 수도자들은 원할 때면 언제나 거룩한 성체성사 앞에서 예수님을 묵상할 수 있으니, 참으로 복된 일이라고 여겼습니다.

주님, 보잘것없고 배은망덕한 저를 당신 선의로 불러 주시고 곁에 머물게 하시니, 이렇듯 당신께 나아갑니다. 부디 저를 변화시키시어 당신 것이 아닌 모든 것에서 구해 주십시오. 그리하여 오직 당신만을 온 마음으로 사랑하며 영원히 당신 것이 되게 하소서.

자애로우신 저의 예수님,

제가 당신 곁을 떠나지 못하게 하소서.

묵상

신령성체 (16쪽의 기도를 바친다)

성모님을 만나는 시간

카르투시오회의 디오니시오는 동정 성모님을 일컬어 "그분께 피신하는 모든 죄인들의 보호자"라고 했습니다. 성모님, 당신께로 달려드는 더없이 사악한 죄인들을 이렇듯 보호해 주시니, 저 또한 당신 발아래 엎드려 토마스 빌라노바 성인의 기도를 바칩니다. "오, 저희의 변호자이신 성모님, 당신의 할 일을 제게도 행하소서."

저를 보호해 주소서. 저는 수많은 은총을 받은 후에도 주님께 무수한 상처를 입혀 드렸습니다. 제가 이미 죄를 지었으니, 당신께서 저를 보호해 주시기를 청합니다.

지극히 사랑하올 어머니, 저를 보호해 주소서.

성모님께 드리는 마침 기도 (17쪽의 기도를 바친다)

혼인의 사랑

예수님께 드리는 시작 기도 (14쪽의 기도를 바친다)

성체 안에 계신 예수님을 뵙는 시간

'아가서'의 신부가 자신의 연인을 애타게 찾듯이, 우리도 예수님을 간절히 찾고자 한다면 제대의 거룩한 성사 안에 계신 그분을 찾아뵐 수 있습니다. 아빌라의 요한 성인은 거룩한 성체성사를 모신 성당보다 더 좋은 성소는 없다고 말했습니다.

하느님의 무한하신 사랑이여, 당신은 무한한 사랑을 받으시기에 마땅합니다! 당신께서는 사람들과 함께 머무시고 하나 되시기 위하여 자신을 낮추셨으며, 빵의 형상 속에 자신을 감추셨습니다!

DAY 22

　사람이 되신 말씀이여, 사랑에 지극하시니 이렇듯 겸손하심도 지극하십니다. 저는 당신께서 제 사랑을 얻으시기 위해 하신 모든 일을 알고 있습니다. 그러니 온 힘을 다해 당신을 사랑하지 않을 수 없습니다. 당신을 사랑합니다. 모든 만족과 그 어떠한 관심보다 당신의 사랑을 먼저 택하고자 합니다. 제 기쁨과 만족은 곧 당신 뜻입니다. 저의 하느님이시며 사랑이신 분, 제 모든 것이신 예수님, 제 안에 오직 당신만을 받아 모시려는 간절한 바람을 불러일으키시어, 당신의 초대에 응하지 않는 불효를 저지르지 않도록 이끌어 주소서.

　주님, 제 안에 세상 것을 갈구하는 온갖 욕심을 사라지도록 해 주십시오. 창조자이신 당신만이 제 바람이며 사랑의 목적입니다. 오직 당신만을 사랑하며 하느님의 뜻이 아닌 다른 것은 찾지 않겠습니다. 제 자신의 만족보다 당신을 더 기쁘게 해 드리고 싶습니다. 이 죄인의 간절한 바람을 받아 주시어, 당신 은총으로 저를 도와주소서. 그러면 저는 악의 구렁텅이에서 빠져나와 당신 사랑의 행복한 종이 될 것입니다.

저의 선이신 예수님,
세상 그 어떤 것보다 당신을 사랑합니다.

묵상

신령성체 (16쪽의 기도를 바친다)

성모님을 만나는 시간

지극히 자애로우신 어머니, 저는 당신 아드님을 거스르는 죄를 지었습니다. 이제 그 죄를 뉘우치며 당신 자비에 내어 맡깁니다. 제가 지은 죄의 용서를 하느님께 구해 주시길 청합니다. 베르나르도 성인은 성모님을 "용서의 사자使者"라 하였고, 에프렘 성인 역시 "위험에 처한 이들의 구원자"라 했습니다. 위험에 빠진 이를 도우시고, 친히 구해 주시는 분이시여!

저는 하느님을 잃고 심판을 받았습니다. 하지만 그분께서 저를 용서하셨는지도 알지 못합니다. 저는 언젠가 또다시 그분을 잃어버릴 수도 있다는 사실에 두렵습니다. 그러나 성모님은 제게 모든 선, 용서, 인내를 비롯한 천상의 것을 얻어 주실 수 있습니다. 사랑하는 어머니, 당신의 중재로 제가 구원되어 어머니의 어지심을 찬미하는 복된 이가 되고 싶습니다.

성모님의 어지심을 영원히 노래하겠습니다.

성모님께 드리는 마침 기도 (17쪽의 기도를 바친다)

형언할 수 없는 관상

예수님께 드리는 시작 기도 (14쪽의 기도를 바친다)

성체 안에 계신 예수님을 뵙는 시간

많은 그리스도인들이 구세주께서 태어나신 곳, 고난받으신 곳, 죽임을 당하신 곳을 찾아 이스라엘을 순례합니다. 하지만 사실 그렇게 긴 여행을 하지 않아도 주님을 만날 수 있습니다. 주님께서 저희 가까이에, 집에서 몇 걸음 안 떨어진 성당에 계시기 때문입니다.

바울리노 성인은 이렇게 말했습니다. "성지를 방문한 순례자들은 말구유나 주님의 무덤에 있는 한 줌 먼지까지 소중히 다룹니다. 하지만 순례를 떠나는 수고를 겪지 않고도 그와 똑같은 열정으로 주님을 대할 수 있습니다. 바로 거룩한 성체성사 안에 계신 예수님께 정성을 다해 인사를 드리는 것입니다."

성체성사에 대한 사랑으로 불타오르던 한 수사는 다음과 같은 편지를 썼습니다.

"제가 가진 좋은 것은 모두 제대의 거룩한 성사에서 나오니, 예수님께 제 자신을 바칩니다. 사람들이 이 거룩한 성사에 도움을 청하지 않기 때문에 아직도 많은 은총이 그곳에 남아 있습니다. 그러나 저희의 주님께서는 당신의 은총을 모두 나누어 주시기를 바라십니다. 오, 신비여. 오, 거룩한 제병이여. 하느님께서는 이 성사 안에서 친히 당신 권능을 저희에게 알려 주십니다! 저 제병 안에 하느님께서 저희를 위해 하신 모든 것이 다 들어 있습니다!

저희는 하늘나라의 복된 영혼들이 부럽지 않습니다. 이 땅 위에서도 주님은 당신의 놀라우신 사랑으로 저희와 함께 계시기 때문입니다. 하늘나라의 영혼들이여, 당신들을 찾아 부러워하는 사람들이 이 거룩한 성사 안에 의탁하게 하소서. 제가 이렇게 말할 수 있음은 이 성사가 저를 기뻐 뛰놀게 하기 때문입니다. 저는 이 성사의 공로에 대해 도무지 침묵할 수가 없습니다. 예수님을 위해 제가 감히 무엇을 해야 할지요!"

주님을 향해 불타오르는 세라핌들의 사랑의 불길이 제 안에서도 타오르게 해 주십시오. 주님께서는 인간을 사랑하시기 위해 이 성사 안에 내려오셨습니다. 그러니 사랑의 불길로 저를 뜨겁게 태워 천사들과 함께 예수님을 사랑하게 해 주십시오. 또한 주님을 향한 사랑이 얼마나 큰지 제게 알려 주시어, 제 안에 주님을 사랑하고픈 바람을 더욱 크게 해 주소서.

저의 예수님, 당신을 믿고 희망합니다.
당신을 사랑하며 당신께 저를 드립니다.

묵상

신령성체 (16쪽의 기도를 바친다)

DAY
23

성모님을 만나는 시간

보나벤투라 성인은 성모님을 "고아들의 어머니"라고 하였고, 에프렘 성인은 "고아들의 피난처"라고 했습니다. 여기서 고아란 하느님을 잃어버린 가엾은 죄인을 말합니다.

지극히 거룩하신 성모님, 저는 당신 품 안으로 달려듭니다. 당신은 제 어머니이십니다. 제가 잃어버린 아버지를 당신께서 다시 돌려주시리라 믿고 있으니, 이렇듯 도움을 청합니다. 저를 구해 주소서.

인노첸시오 3세 교황은 "성모님께 도움을 청했던 이가 합당한 도움을 못 받은 적이 있습니까? 성모님께 의탁하였던 이가 절망한 적이 있습니까?"라고 말했습니다.

오직 당신께 달려들지 않은 사람만이 절망하였을 따름입니다. 저의 여왕이시여, 저를 구원하시어 언제나 굳은 신뢰로 당신께 도움을 청하게 하소서.

성모님, 저는 당신을 굳게 믿고 따릅니다.

성모님께 드리는 마침 기도 (17쪽의 기도를 바친다)

신앙의 신비

DAY 24

예수님께 드리는 시작 기도 (14쪽의 기도를 바친다)

성체 안에 계신 예수님을 뵙는 시간

"당신은 자신을 숨기시는 하느님이십니다."(이사 45,15)

이 말씀은 하느님 사랑의 다른 어떤 업적보다도 거룩한 성체성사의 흠숭하올 신비에 참으로 꼭 들어맞는 말씀입니다. 영원하신 말씀이 세상에 내려오시어 사람이 되실 때에는 당신의 신성神性을 감추셨으나, 이 성사 안에서는 또한 당신의 인성人性을 감추고 계십니다.

베르나르도 성인이 말한 대로 "저희를 위한 당신 사랑을 보여 주시려 빵의 모양으로 나타나시니, 당신께서는 그 안에 진리와 인성을 감추시고 오직 사랑만을 드러내십니다."

 그 크신 사랑에 너무 놀라 저는 그만 할 말을 잊습니다. 당신은 이 성사 안에 당신의 엄위하심을 감추시고, 저희 사람들을 사랑하시려 당신 영광을 숨기시며, 당신 신적 생명의 광채를 가려 없는 듯하십니다. 이 제대 위에서 당신은 오로지 저희를 사랑하시며 당신 사랑을 저희에게 보여 주려 하십니다. 하지만 그런 당신께 과연 저희는 어떻게 보답하고 있습니까?

 당신 사랑을 아낌없이 베푸실 만큼 저희를 너무나 사랑하시는 예수님, 당신의 이 지극한 사랑이 사람들에게 조롱받을 줄을 당신께서 어찌 모르셨습니까? 저도 알고 당신은 저보다 먼저 그것을 아셨으니, 수많은 사람들이 당신을 흠숭하지 않고 이 성사 안에 계신 당신을 인정하지도 않습니다. 때로는 축성된 제병을 짓밟으며 땅에 팽개치고 물과 불 속에 내던지기까지 합니다. 당신을 믿는 사람들조차 굳건한 신앙으로 당신의 이 숱한 능욕을 보상하려 하기보다 불경한 태도로

DAY
24

당신 앞에 나옵니다. 당신께서 머무시는 제대를 정성스럽게 돌아보기는커녕 그 위에 당신을 홀로 남겨 두고 도망치듯 나오기 일쑤입니다.

지극히 자애로운 주님, 당신 사랑의 성심이 받으신 수많은 능욕을 제 눈물과 피로 깨끗이 씻어 드리고 싶습니다. 저는 당신을 자주 찾아뵈며 흠숭을 드리고자 합니다. 부족하나마 이 성사를 외면하는 이들을 제가 대신할 수 있기를 간절히 바랍니다. 영원하신 아버지, 당신의 아드님께서 받으신 수많은 모욕을 보상하려는 저의 이 보잘것없는 마음을 받아 주십시오. 십자가 위의 예수님께서 바치신 그 사랑과, 날마다 거룩한 성사 안에서 바치는 무한한 사랑과 하나 되고자 합니다. 저는 세상 모든 이들에게 제대의 성사 안에 깃든 사랑을 널리 전할 수 있길 바랍니다.

예수님, 모든 사람이 당신을 알고 사랑하게 하소서.

묵상

신령성체 (16쪽의 기도를 바친다)

성모님을 만나는 시간

지극히 사랑스러우신 어머니, 저는 구원받지 못할까 두려울수록 당신 품으로 달려듭니다. 당신은 은총으로 충만하십니다. 다마스쿠스의 요한 성인은 당신을 "은총의 어머니"라 하였고, 보나벤투라 성인은 "모든 은총을 품고 계시는 분"이라 하였습니다. 또한 에프렘 성인도 "은총과 모든 위로의 샘"이라 불렀으며, 베르나르도 성인은 "모든 선의 충만함"이라고 불렀습니다. 성모님은 은혜를 베푸시는 것을 즐겨하시니, 누구든 당신께 도움을 청하지 않으면 마음 아파하십니다.

은총과 지혜의 여왕이신 성모님, 당신은 제가 필요로 하는 것을 저보다 잘 아십니다. 그리고 제 자신보다 저를 더욱더 사랑하시니 제 영혼에 필요한 은총을 청해 주소서. 당신이 하느님께 청하여 주시면, 분명히 원하는 바를 얻으리라 믿습니다.

> 저의 하느님,
> 성모님이 저를 위해 청하시는
> 은총을 베풀어 주소서.

성모님께 드리는 마침 기도 (17쪽의 기도를 바친다)

세상 끝 날까지 순종하시는 분

예수님께 드리는 시작 기도 (14쪽의 기도를 바친다)

성체 안에 계신 예수님을 뵙는 시간

바오로 사도는 영원하신 아버지께 대한 예수 그리스도의 순종을 이렇게 찬양했습니다. "당신 자신을 낮추시어 죽음에 이르기까지, 십자가 죽음에 이르기까지 순종하셨습니다."(필리 2,8)

그러나 이 성체성사 안에 계시는 예수님은 영원하신 아버지뿐만 아니라 사람들에게까지 순종하시고, 죽음에 이르기까지만이 아니라 세상 끝 날까지 자신을 낮추어 순종하시기를 바라십니다. 하늘의 임금님께서 사람들에게 순종하시려 하늘에서 제대 위로 내려오셨습니다. "나는 거역하지도 않고 뒤로 물러서지도 않았다."(이사 50,5) 그분은 제대에서 움직이실 때조차 성광에 넣어져 현시되거나, 성합에 넣어져 옮겨지십니다. 그렇게 사람들 손에서 손을 통해 의인과 죄인을 가릴 것 없이 모든 이의 입에 영해지십니다.

루카 복음사가의 표현대로, 당신의 지상 생애에서 그분은 성모님과 요셉 성인에게 순종하셨습니다. 그리고 지금 이 성사 안에서는 세상의 사제들에게 순종하십니다. "나는 거역하지도 않고 뒤로 물러서지도 않았다."(이사 50,5)

지극히 다정하신 예수님의 성심이여, 당신의 성심이 모든 성사를 세우셨다고, 무엇보다 이 사랑의 성사를 세우셨다고 당신께 고백하게 해 주십시오. 당신이 성체성사 안에서 영원하신 아버지께 영광과 사랑을 봉헌하시듯, 저 또한 당신께 그런 영광과 사랑을 봉헌하고 싶습니다. 저 십자가 위에서 온갖 고난을 무릅쓰고 당신의 거룩한 생명을 바치실 만큼 저를 사랑하셨던 것과 같이, 당신은 지금도 이 제대에서 저를 그토록 사랑하십니다.

거룩한 성심이시여, 당신을 알지 못하는 이들을 밝은 빛으로 비추어 주시고, 당신 공로로 연옥에서 고통받는 영혼을 구하시어 벌을 가볍게 해 주소서. 그 영혼들은 이미 영원히 당신의 것입니다. 당신을 흠숭하고 감사드리며, 지금 이 순간 모든 영혼들과 함께 당신 사랑을 노래합니다.

지극히 고귀하신 성심이여, 제 마음을 세상과 떼어 놓으시고 오직 당신의 거룩한 사랑으로 충만하게 채워 주십시오. 그리하여 이후로는 모두가 당신께 "무엇이 우리를 그리스도의 사랑에서 갈라놓을 수 있겠습니까?"(로마 8,35) 하고 말할 수 있게 하십시오.

지극히 거룩하신 성심이여, 이 땅에서 저를 위해 감내하신 당신의 그 고통을 마음속에 새겨 주십시오. 저도 그와 똑같은 고통을 바라며, 삶의 온갖 괴로움을 기꺼이 감내하게 해 주십시오. 이는 모두 당신을 사랑하기 위함입니다.

DAY 25

지극히 겸손하신 예수님의 성심이여, 당신의 겸손을 본받게 해 주십시오. 지극히 자애로우신 성심이여, 당신의 자애로움을 본받게 하시고 당신께서 바라시지 않는 것은 무엇이든 멀리하게 해 주십시오. 제 마음을 온전히 당신에게로 이끄시어 오로지 당신의 뜻만을 충실히 따르게 해 주십시오. 당신께 진 빚이 너무도 많기에, 아무리 제가 당신을 위해 온 힘을 다한다 해도 그 은혜를 갚기엔 턱없이 부족하겠습니다.

예수님의 성심이여, 제 마음의 유일한 주님이시여.

묵상

신령성체 (16쪽의 기도를 바친다)

성모님을 만나는 시간

베르나르도 성인은 성모님을 "천상의 방주"라고 했습니다. 저희가 성모님에게로 피신한다면 영원한 형벌의 난파선으로부터 구해 주실 것입니다. 구약 속 노아의 방주는 크나큰 홍수로부터 세상을 구했습니다.

이는 세상의 죄악과 유혹으로부터 우리를 감싸 안아 주시는 성모님의 모습과 닮아 있습니다. 성모님의 품은 훨씬 더 넓고 튼튼하며 평온합니다. 사실 노아의 방주는 몇 사람과 동물들만이 태워졌을 뿐입니다. 하지만 성모님은 당신 품속으로 피신하는 모든 이를 따뜻하게 맞아 주시고, 구원으로 이끄십니다. 그러니 성모님을 알게 된 저희는 얼마나 복됩니까!

오, 여왕이시여, 수많은 이들이 절망에 빠지는 까닭은 당신께 도움을 청하지 않았기 때문일 것입니다. 어머니는 도움을 청하는 이들의 간구를 그냥 지나치지 않습니다.

지극히 복되신 성모님,

모든 사람들이 당신께 달려들어 도움을 청하게 하소서.

성모님께 드리는 마침 기도 (17쪽의 기도를 바친다)

충실한 사랑

예수님께 드리는 시작 기도 (14쪽의 기도를 바친다)

성체 안에 계신 예수님을 뵙는 시간

"시온 주민들아, 소리 높여 환호하여라. 너희 가운데에 계시는 이스라엘의 거룩하신 분께서는 위대하시다."(이사 12,6)

예수님은 더없이 거룩하시며, 당신 현존으로 하늘나라의 성인들을 복되게 하십니다. 바로 그분이 제대의 성체성사를 통해 저희 가운데 가까이 계십니다. 주님께서 친히 우리 곁에 머무르고 생활하시니 이 기쁨을 어떻게 표현할 수 있겠습니까!

베르나르도 성인은 "그분은 사랑 자체이신 분"이라

DAY 26

고 말했습니다. 이 성사는 단지 사랑의 성사일 뿐 아니라 사랑 자체이며 하느님 자신입니다. 하느님께서는 당신이 지어내신 것들에 대한 그 크신 사랑 때문에 사랑이라 불리십니다. "사랑하지 않는 사람은 하느님을 알지 못합니다. 하느님은 사랑이시기 때문입니다."(1요한 4,8)

예수님, 저는 지금 "내가 나그네였을 때에 따뜻이 맞아들이지 않았다."(마태 25,43)라고 한탄하는 당신의 목소리를 듣습니다. 당신께서 지상에 내려온 나그네이셨을 때, 저희는 당신을 맞아들이지 않았습니다. 저 역시 당신을 홀로 남기고 떠난 이들 가운데 한 사람입니다. 하지만 저는 이제 당신 곁에 머물러 지난날을 참회합니다. 그리고 자주 당신을 찾아뵙고 당신 곁에 오래 머무르고자 합니다.

지극히 인자하신 주님, 제가 다른 이들에게도 모범을 보여 그들도 거룩한 성체성사 안의 당신을 찾도록 이끌어 주십시오. 저는 영원하신 아버지께서 "이는 내가 사랑하는 아들, 내 마음에 드는 아들이니 너희는 그의 말을 들어라."(마태 17,5)라고 하시는 말씀을 듣습니다. 하느님께서 당신을 보시고 기뻐하시니, 보잘것없는 저는 당신을 보고 얼마나 기뻐하겠습니까!

모든 것을 사르는 불이여, 저를 지옥으로 떨어트려 예수님과 멀어지게 하는 온갖 욕망을 모조리 태워 없애 주소서. "주님! 주님께서는 하고자 하시면 저를 깨끗하게 하실 수 있습니다."(마태 8,2) 이미 저는 당신의 자비로 깨끗하게 되었으니, 남은 제 생명을 바칩니다. 거룩한 성체성사 앞의 감실등처럼, 제 모든 것을 당신께 바치게 해 주소서.

예수님, 언제나 제가 당신의 그 빛나는 얼굴을 뵈오리까?

묵상

신령성체 (16쪽의 기도를 바친다)

성모님을 만나는 시간

DAY 26

지극히 복되신 어머니, 보나벤투라 성인은 당신을 "자유의 문"이시며, 사람들의 평안한 쉼터"라고 했습니다. 당신 안에는 저희 죄를 치료할 약이 있으며, 나약함을 덮어줄 위로와, 죄의 종살이에서 벗어나게 해줄 문이 있습니다. 또한 당신 안에서 저희 가엾은 인생의 위로를 발견합니다. 그래서 라우렌시오 유스티니아노 성인은 당신을 "저희 여정의 위로"라 했습니다.

저희는 당신 안에서 하느님과 그분의 거룩한 은총을 발견합니다. 보나벤투라 성인은 당신을 "하느님 은총의 옥좌", 프로클로 성인은 "하느님께서 사람들 가운데 내려오도록 잇는 다리"라고 했습니다. 하느님께서는 성모님을 통해 당신 은총으로서 저희 마음속에 머물고자 하십니다.

성모님,

저의 성채요 해방이시며

저의 평화요 구원이시여.

성모님께 드리는 마침 기도 (17쪽의 기도를 바친다)

기적의 재현

DAY 27

예수님께 드리는 시작 기도 (14쪽의 기도를 바친다)

성체 안에 계신 예수님을 뵙는 시간

교회는 성체성사의 예식을 통해 하느님께서 사랑하는 이들 곁에 늘 머무르고 계시다는 것을 보여 줍니다. 당신을 믿지 않는 이들은 이 사랑의 업적에 놀라움을 금치 못하며 "그리스도인의 하느님은 참으로 선하시다!"라고 외칩니다.

이교도들은 상을 만들어 거기에 신성을 입혔지만, 하느님께서는 사람들 한가운데로 내려와 성체성사의 기적을 통해 친구가 되셨습니다. 그들은 저희를 사랑하신 하느님의 모습을 감히 상상하지도 못합니다. "당

신의 기적들을 기억하게 하셨다."(시편 111,4)

　지극히 자애로우신 예수님, 어찌하여 사람들이 당신을 피하는 것입니까? 어떻게 그토록 오랜 시간을 당신과 멀리 떨어져 살 수 있습니까? 저의 하느님, 다시는 제가 예전처럼 당신의 은혜를 저버린 이들에게 속하지 않게 해 주십시오. 저에게 지칠 줄 모르는 사랑을 허락해 주십시오. 제가 당신을 사랑하지 않고, 또 사랑하더라도 아주 적게 사랑하였을 때에는 몹시 게을렀습니다. 그러나 당신 은총으로 저의 사랑이 커지면 저는 더 이상 지루해하지 않고 형언할 수 없는 기쁨에 넘쳐 제대의 성사 앞에 밤낮으로 머물러 있을 것입니다.

　영원하신 아버지, 당신의 아드님을 바칩니다. 이 제물을 받아 주시고 아드님의 공로를 헤아리시어 항상 아드님 앞에 머물러 있기를 소원하는 뜨거운 사랑을 제게 부어 주소서.

　저의 하느님, 예수님의 사랑을 보시고

제 안에 거룩한 성체성사를 향한 큰 사랑을 가득 채워 주소서.

DAY 27

묵상

신령성체 (16쪽의 기도를 바친다)

성모님을 만나는 시간

성모님은 다윗의 '아가서'에서 성령께서 말씀하시는 다윗의 탑이십니다. "다윗 탑 같은 그대의 목은 층층이 잘 지어졌구려. 거기에는 천 개의 방패들이 달려 있는데 모두가 용사들의 원방패들이구려."(아가 4,4)

성모님, 이냐시오 성인이 말한 대로 당신은 "전장에서 싸우는 이들의 강한 방패"이십니다. 그런데 원수들이 저를 포위하고 공격하면서 하느님의 은총과 당신의 보호하심을 빼앗아 가려 합니다! 그러나 성모님은 당신을 굳게 신뢰하는 이들을 위하여 친히 전장에 내려

오십니다. 에프렘 성인의 말 그대로 당신은 "당신을 믿고 달려드는 이들의 방패"이기 때문입니다. 당신을 믿고 희망하는 저를 지켜 주시고, 저를 위해 싸워 주소서.

성모님, 당신의 이름은 저의 방패입니다.

성모님께 드리는 마침 기도 (17쪽의 기도를 바친다)

구원의 계약

DAY 28

예수님께 드리는 시작 기도 (14쪽의 기도를 바친다)

성체 안에 계신 예수님을 뵙는 시간

바오로 사도는 "당신의 친아드님마저 아끼지 않으시고 우리 모두를 위하여 내어 주신 분께서, 어찌 그 아드님과 함께 모든 것을 우리에게 베풀어 주지 않으시겠습니까?"(로마 8,32)라고 했습니다. 영원하신 아버지께서는 당신의 모든 것을 예수님께 주셨습니다. 아버지께서는 모든 것을 그분 손에 내주셨습니다(요한 13,3 참조).

저희는 항상 제대의 성사 안에 계신 예수님을 저희에게 주심으로써 모든 선과 은총을 풍성히 내려 주시고자 하셨던 하느님의 선하심과 자비하심과 너그러우심에 깊이 감사드립니다.

"여러분은 그리스도 안에서 어느 모로나 풍요로워졌습니다. 어떠한 말에서나 어떠한 지식에서나 그렇습니다. 그리스도에 관한 증언이 여러분 가운데에 튼튼히 자리를 잡은 것입니다. 그리하여 여러분은 어떠한 은사도 부족함이 없이, 우리 주 예수 그리스도께서 나타나시기를 기다리고 있습니다."(1코린 1,5-7)

세상의 구원자, 사람이 되신 말씀이시여, 당신은 저의 부족한 것을 채워 주시고, 저를 풍성하게 해 주십니다. 제가 그토록 당신 것이 되려 하지 않자 당신을 제 것으로 삼게 하셨습니다. 오, 예수님, 당신께 감사드리며 제 모든 것을 바칩니다. 저의 생명과 의지, 생각과 행위, 온갖 고통을 이제와 영원히 당신께 바칩니다. 저는 온전히 당신의 것입니다. 제 안의 모든 좋은 것은 전부 당신 것입니다. 오, 주님, 제 안에 당신 사랑을 굳건히 세워 주소서.

영원하신 아버지, 당신께 예수 성심이 베푸는 은총

과 애정을 바칩니다. 당신 아드님께서 제게 베푸신 그 모든 공로를 헤아리시어 이 모든 것을 받아 주십시오. 예수님이 당신께 청하는 그 은총을 제게도 허락해 주십시오. 예수님의 공로에 힘입어 제 죄에 대한 보속도 함께 바칩니다. 저는 주님의 용서와 인내, 당신의 나라를 간절히 바랍니다. 주님, 제게 은총을 베풀어 주소서.

"너희가 내 이름으로 청하는 것은 무엇이든지 내가 다 이루어 주겠다."(요한 14,13)라고 말씀하셨으니, 당신 은총을 제게서 거두지 마십시오. 제가 청하는 것은 오직 당신 사랑과, 당신께 온전히 저를 내어 드리는 것, 그리고 당신 은혜를 저버리지 않기를 바라는 것 외에는 없습니다. 제 생명이요 전부이신 하느님, 저를 받아 주소서.

제 전부이신 예수님,

당신은 저를 원하시고 저는 당신을 원합니다.

묵상

신령성체 (16쪽의 기도를 바친다)

성모님을 만나는 시간

지극히 자애로우신 어머니, 당신의 도움에 힘입어 제 괴로움은 한결 나아졌습니다. 고통은 위로를 받았고, 유혹은 산산이 흩어졌습니다.

에프렘 성인은 당신을 "풍파에 시달리는 이들의 항구"라 하였고, 보나벤투라 성인은 "저희 괴로움의 위로요 가엾은 이들의 안식", 제르마노 성인은 "저희 눈물의 위로자"라 했습니다.

성모님, 죄로 가득차 덕이 부족하고 사랑에 냉정해진 저를 위로해 주십시오. 그리하여 당신의 위로로 제가 새 생명을 얻어 예수님과 성모님께 기쁨을 드릴 수 있게 해 주소서.

제 생각과 감정을 변화시켜 주소서.

당신은 능히 하실 수 있습니다.

성모님께 드리는 마침 기도 (17쪽의 기도를 바친다)

저를 끌어 주소서

예수님께 드리는 시작 기도 (14쪽의 기도를 바친다)

성체 안에 계신 예수님을 뵙는 시간

"보라, 내가 문 앞에 서서 문을 두드리고 있다."(묵시 3,20)

목자이신 예수님, 당신은 당신 양 떼를 사랑하시어 친히 십자가 위에 매달려 스스로를 제물로 바치셨습니다. 그리고 저희 가까이에서 저희 마음을 두드리시려 이 거룩한 성사 안에 숨어 계십니다. '아가서'의 신부는 "그이의 그늘에 앉는 것이 나의 간절한 소망"(아가 2,3)이라고 노래합니다. 저 또한 그런 즐거움을 누리고자 합니다.

거룩한 빵의 형상 안에 숨어 계신 존엄한 당신을 알아본다면 많은 영혼들이 찾던 그 행복을 참으로 발견할 수 있게 될 것입니다. 헤아릴 길 없는 당신 사랑, 그 아름다움의 향기로 저를 이끌어 주소서.

"나를 당신에게 끌어 주셔요, 우리 달려가요."(아가 1,4) 당신께서 끌어 주시면, 저는 기꺼이 세상 사물과 쾌락을 버리고 "네 밥상 둘레에는 …… 올리브 나무 햇순들"(시편 128,3)처럼 당신께 달려가겠습니다. 지극한 사랑으로 거룩한 제대 앞에 머물러 있는 행복한 영혼들이 새싹과도 같은 성덕의 열매를 맺게 해 주십시오.

예수님, 저는 덕이 부족한 제 자신이 몹시 부끄럽습니다. 그런데 당신께서는 "아무도 빈손으로 내 앞에 나와서는 안 된다."(탈출 23,15)고 하셨으니, 이제 저는 어찌해야 하겠습니까? 가진 것이 없으니 당신 앞에 더 이상 나오지 말아야 하겠습니까? 하지만 이는 당신께서 정녕 바라시는 것이 아닙니다. 부족한 제 모습 그대로 당신께 나아가겠습니다. 그러면 저에게 원하시는 제물을 당신 손수 마련해 주실 것입니다.

  당신께서 거룩한 성체성사 안에 머물러 계시는 까닭이 바로 이 때문입니다. 곧 당신을 사랑하는 이들에게 상급을 주시고 그들에게 제물을 마련해 주시기 위함입니다.

  제 마음의 임금님, 당신을 흠숭합니다. 저희를 사랑하시고 양 떼를 사랑하시는 목자이시니 이렇듯 당신께 나아갑니다. 제 부족한 마음 외에는 바칠 것이 아무것도 없으니 당신 사랑과 뜻에 따라 써 주소서. 그렇게 하면 제가 마침내 당신을 사랑할 수 있습니다. 그리고 제 마음을 당신께 두어 진정으로 하나 되게 할 수 있습니다. 그러면 당신 사랑의 사슬로 굳게 매인 바오로 사도의 말을 되풀이할 수 있습니다. "그리스도 예수님 때문에 …… 수인이 된 나 바오로가 말합니다."(에페 3,1)

  주님, 저를 당신과 하나 되게 하시어 제 자신을 잊고 모든 것을 버리며 오로지 당신만을 찾게 하소서.

저의 예수님, 당신만이 저를 충만히 채워 주십니다.

묵상

신령성체 (16쪽의 기도를 바친다)

성모님을 만나는 시간

베르나르도 성인은 성모님을 일컬어 "구세주께로 향하는 길"이라고 했습니다. 그러니 여왕이시여, 당신이 진정 "저희 영혼을 하느님께로 이끄시는 길"이라면, 저에게는 다른 선택의 여지가 전혀 없습니다. 저를 당신 팔로 잡아 이끄소서.

만약 제가 당신 팔을 뿌리치거든 더욱 단단히 붙들어 매어 주십시오. 그리하여 당신 사랑의 달콤한 사슬이 제 의지를 옭아매어, 오직 하느님과 그분 뜻만을 찾도록 이끌어 주십시오.

당신의 천상 능력과 자비하심의 기적을 보여 주시어

하느님과 멀리 떨어져 있는 저를 하느님께로 가까이 이끌어 주소서.

성모님, 당신은 저를 거룩하게 하실 수 있습니다.

성모님께 드리는 마침 기도 (17쪽의 기도를 바친다)

저희의 믿음이신 예수님

DAY 30

예수님께 드리는 시작 기도 (14쪽의 기도를 바친다)

성체 안에 계신 예수님을 뵙는 시간

"어찌하여 당신의 얼굴을 감추십니까?"(욥 13,24)

욥은 일찍이 하느님께서 당신의 얼굴을 자신에게 감추실까 두려워했습니다. 그러나 이제 예수님께서 거룩한 성체성사 안에 당신의 존엄하심을 감추어 두시니, 저희를 가로막을 것은 아무것도 없습니다. 오히려 믿음과 사랑이 더욱 풍성해집니다.

예수님은 빵의 형상 속에 몸을 감추시어 제대 위에 머물러 계십니다. 이는 저희 믿음을 크게 하고, 당신 사랑을 보여 주시고자 함입니다. 만약 예수님께서 당신 영광의 광채를 제대 위에 펼쳐 보이신다면, 어느 누가 감히 이 영광의 임금님께 나아가 아무 두려움 없이 자신의 바람을 말할 수 있겠습니까?

오, 예수님, 당신은 빵의 형상 안에 당신을 감추셨습니다. 그리하여 당신을 애타게 그리는 사람들이 세상에서 당신을 찾고 사랑하게 하십니다. 이 얼마나 크신 사랑입니까! 그래서 일찍이 이사야 예언자는 "그 업적을 민족들에게 알려라."(이사 12,4) 하고 외치며, 사람들이 하느님 사랑의 능력을 온 세상에 선포하기를 갈망했습니다.

오, 예수님, 제대의 성사 안에 당신 사랑의 징표가 숨겨져 있고 그 사랑으로 인류의 모든 죄악을 없애 버릴 수 있음을 압니다. 제 죄 또한 없애 주시고 새로운 마음을 심어 주시어 오직 당신을 위해 살게 해 주십시오. 당신께서는 골고타에서 돌아가실 때 품으셨던 마음과 똑같은 사랑을 이 거룩한 성사 안에 보존해 두셨습니다. 아무런 주저 없이 오로지 당신과 하나 되길 바라는 마음을 간직하게 해 주십시오. 그리하여 저를 당신 공로로 일으켜 세우시고, 당신 성심에 단단히 결합해 주소서.

저는 당신 은총에 힘입어 기쁨을 드릴 것을 약속합니다. 당신을 사랑하는 데 방해가 되는 모든 유혹을 끊고, 제 행실과 생각과 모든 감정이 오로지 당신 뜻에 충실하도록 해 주소서.

"누가 우리를 그리스도의 사랑에서 갈라놓겠습니까?"(로마 8,35)

묵상

신령성체 (16쪽의 기도를 바친다)

성모님을 만나는 시간

베르나르도 성인은 이렇게 말했습니다. "성모님의

사랑보다 더 크고 더 강한 것은 있을 수 없습니다. 그분은 언제 어디서나 당신 힘닿는 대로 저희를 이해하고 도와주십니다."

지극히 정결하신 여왕이시여, 당신은 더없이 힘 있고 또 자비로우니 저희 모두를 구할 수 있습니다. 일찍이 당신을 굳게 신뢰하고 따랐던 블로시오의 말로 당신께 기도드립니다. "오, 성모님, 이 싸움에서 저를 보호하시어, 제가 의심에 젖을 때마다 굳세게 하소서." 지극히 거룩하신 성모님, 지옥을 거슬러 싸우는 전쟁터에서 저를 도와주시고, 제가 쓰러질 때마다 당신 팔로 붙잡아 주십시오. 제가 죽는 순간까지 겪을 유혹이 참으로 크기 때문입니다.

저의 희망이시요 피난처이시며 저의 요새이신 성모님, 제가 하느님의 은총을 잃지 않게 하소서. 유혹에 빠질 때마다 항상 당신께 달려가겠습니다.

오, 성모님, 당신은 언제나 하느님 곁에 계시니 제가 죽는 날까지 예수님의 충실한 종으로서 살 수 있는 은총을 허락해 주소서.

저를 도와주소서.

성모님, 저를 도와주소서.

성모님께 드리는 마침 기도 (17쪽의 기도를 바친다)

영원한 사제이신 예수님

예수님께 드리는 시작 기도 (14쪽의 기도를 바친다)

성체 안에 계신 예수님을 뵙는 시간

예수님은 여행 중에 지친 몸을 이끄시고 우물가에 앉으셨습니다. 그리고 사마리아 여인을 회개시키고 구원하시고자 그를 기다리십니다(요한 4,6 참조). 이렇듯 당신은 은총의 샘으로서 하늘에서 이 제대 위로 내려와 저희와 온종일 머무시며, 당신 사랑에로 영혼들을 이끌기 위해 그들을 기다리십니다.

당신은 모든 제대 위에서 저희에게 말씀하십니다. "왜 너희를 사랑하는 내게로 오지 않느냐? 무엇을 두려워하느냐? 나는 심판하기 위해 세상에 온 것이 아니라 은혜를 베풀고 구원하기 위해 이 성사 안에 숨어 있는 것이다. '나는 세상을 심판하러 온 것이 아니라 세상을 구원하러 왔기 때문이다.'(요한 12,47)"

예수님은 항상 하늘에 살아 계시며 "그들을 위하여 빌어 주십니다."(히브 7,25) 당신은 제대의 성사 안에서 밤낮으로 머무르시며 저희를 위해 하느님께 자애롭게 간청하십니다. 또한 자비와 은총을 얻게 해 주시고자 아버지께 당신을 희생 제물로 봉헌하십니다.

그러므로 저희는 마땅히 심판의 두려움 없이 굳은 신뢰로 예수님께 나아가 《준주성범》의 말처럼 "사랑하는 친구에게 하듯이, 친구가 친구에게 말하듯이" 말을 건네고자 합니다. 또한 넘치는 신뢰로서 제 마음을 당신께 열어 드릴 수 있도록 해 주십시오.

주님은 가엾은 영혼들을 사랑하십니다. 하지만 뒤틀린 마음을 지닌 이들도 있습니다. 그들은 주님을 사랑하지 않고, 주님께서 내리시는 무수한 은총조차 거절하고 업신여깁니다. 그리고 주님께서 자신을 부르는 소리를 귀여겨듣지 않습니다.

하지만 주님, 저조차도 어리석은 이들 가운데 한 사람이었기에 크나큰 상처를 입혀 드렸습니다. 저는 이제 지난날을 참회하고 제 죄를 보속하고자 합니다. 당신 뜻을 알려 주십시오. 한 치의 망설임 없이 당신 뜻에 순종하겠습니다. 친척과 친구들, 다른 이들부터 받는 존경, 제 건강과 목숨을 잃는다 해도 좋습니다. 오로지 당신만을 기쁘게 해 드리는 일만큼은 소홀히 하고 싶지 않습니다.

제 영혼의 하느님, 당신의 뜻을 따라 이 모든 것을 다 잃는다 해도 그것은 복된 일입니다. 최고의 선이신 당신을 사랑하며, 저는 당신을 향한 세라핌들의 사랑과 성모님의 마음, 그리고 예수님의 마음과 하나가 됩니다. 제 모든 것을 다해 당신을 사랑합니다. 오직 당신만을 사랑하게 하소서.

저의 하느님, 저의 하느님,

저는 당신의 것이고 당신은 저의 것입니다.

DAY 31

묵상

신령성체 (16쪽의 기도를 바친다)

성모님을 만나는 시간

아마데오 복자는 "여왕이신 성모님은 언제나 하느님 앞에서 저희를 위해 더없이 효과적인 기도로 간구하십니다."라고 말했습니다. 성모님은 인간의 가엾은 처지와, 그 앞에 닥친 위험을 어머니의 사랑으로 측은히 여기며 저희를 도와주십니다.

지극히 사랑하올 어머니, 당신은 이미 제 영혼의 가엾은 처지와 제가 처한 위험을 보셨으니 저를 위하여 빌어 주소서. 제가 구하는 은총을 받아 주소서. 당신을 굳게 신뢰하고 따랐던 블로시오는 당신을 "당신 아드님 다음으로 당신을 따르는 이들의 구원이신 분"이라고 했습니다.

오늘 저는 이 은총을 청하며 당신께 간구합니다. 제가 죽는 날까지 당신의 충실한 종이 되게 하십시오. 그리하여 훗날 당신 아드님 예수님이 이 세상을 심판하실 때, 어머니의 마음을 빌어 저를 드러내 주소서.

저의 어머니, 저는 언제나 당신의 것입니다.

성모님께 드리는 마침 기도 (17쪽의 기도를 바친다)

하느님께서는 아무에게도
기도의 은총을 거부하지 않으십니다.
우리는 그 은총으로 온갖 욕정과 모든 유혹을
극복할 수 있는 도움을 얻습니다.
저는 기도 안에 우리 구원 전체가 있다고 말하며,
제가 살아 있는 동안 언제까지라도
그렇게 되풀이하여 말할 것입니다.

- 알폰소 리구오리 성인

지은이 · **알폰소 리구오리 성인**

이탈리아의 가톨릭 주교이자 영성 작가, 신학자, 구속주회의 창립자이다. 성인의 강론은 간결하면서도 기도를 중점에 두어 많은 이들에게 감화를 불러 일으켰다. 또한 깊은 신심을 바탕으로 한 누구나 이해하기 쉽게 쓴 저술로도 유명했다. 알폰소 리구오리 성인은 1871년 비오 9세 교황에 의해 교회 박사로 선포되었으며, 1950년 고해 신부와 윤리 신학자들의 수호성인이 되었다.

옮긴이 · **이건**

1988년 서울 가톨릭대학교 신학부를 졸업하고, 1995년~1998년까지 이탈리아 토리노 대학교에서 사회 교리를 연구하였다. 동대학원 박사 과정을 수료하였으며, 1992년~2001년까지 서울대교구 노동사목위원회 연구원으로 재직하였다. 영어와 이탈리아어 번역가로 활동하고 있다.